Gespräche mit Erzengel Michael, Band 4

Wir möchten den Leser mit diesem Buch in seinem Bewusstwerdungsprozess unterstützen. Dieses Buch soll ihn informieren, lehren, unterhalten und inspirieren. Der Autor und der Verlag können für keinerlei Verluste oder Schäden verantwortlich oder schadensersatzpflichtig gemacht werden, die irgendjemandem direkt oder indirekt durch die in diesem Buch enthaltenen Informationen entstehen.

© Natara Jörg Loskant

© Kamasha Verlag
Rheingoldstr. 1
55413 Manubach
Tel.: +49 (0) 67 64/3 01 09-1
Fax: +49 (0) 67 64/3 01 09-9
www.kamasha-verlag.de
www.kamasha.de

Umschlaggestaltung: Uta Kessler, Wiesbaden
unter Verwendung eines Erzengel Michael Bildes von © Ivoi, Bad Kreuznach
Satz: Bénédicte Costa, Kamasha Verlag
Korrektorat: Adele K. Gerdes
Druck: Druckerei Sonnenschein, Hersbruck

ISBN 10: 3-936767-03-3
ISBN 13: 978-3-936767-03-2
Originalausgabe im September 2006

Für dieses Buch wurde ausschließlich Papier verwendet,
das nicht aus dem Regenwald stammt.

Gespräche
mit
Erzengel Michael

Band 4

Kamasha Verlag

„Jeder Atemzug ist ein Lottogewinn"

Vorwort

Liebe Freunde,

ich bin sehr dankbar und berührt über das neue Wissen, das in dem wundervollen Band 4 von der geistigen Welt für uns manifestiert wurde. Jeder Band hat auch gleichzeitig die aktuellen Themen und Energien der Zeit, in der er entstanden ist. Und das empfinde ich als große Gnade.

Durch Erzengel Michael haben wir wunderbare Symbole bekommen, die uns immer tiefer unsere Erleuchtung des Herzens erfahren lassen. Diese Symbole kannst du nutzen, um in Klarheit und Frieden mit dir zu kommen. Es sind auch Energiebilder, die du in deinem Leben und in deiner Arbeit einsetzen kannst. Probiere sie spielerisch aus und sei wie ein Kind, lasse dich von deinem Herzen leiten.

Fast zwei Jahre sind vergangen, seitdem Band 3 manifestiert wurde. In dieser Zeit ist so viel geschehen auf der Erde und auch mit mir.

Wie die geistige Welt voraussagte, bin ich sehr viel gereist und habe mit vielen Menschen die Energie der Liebe und der Klarheit zusammen erfahren dürfen. Im Juli 2006 ist die neue Zeitschrift: „Kamasha - gute Nachrichten für ein erfülltes Leben" herausgekommen, wie Babaji uns den Auftrag in Band 3 gegeben hat. Danke für die Kraft und Unterstützung, Babaji. Und während dieses Buch gedruckt wird, eröffnen wir den Seminarort Lebensquelle in Fulda. Was für ein Segen, den wir alle von der geistigen Welt erfahren dürfen, wenn wir uns und das Leben lieben.

Ich danke allen, die mich bei dieser großen Aufgabe, das Kamasha-Projekt auf die Erde zu bringen und es lichtvoll zu tragen, unterstützen.

Vielen Dank:

~ allen Menschen, die im Stillen für mich und das Kamasha-Projekt beten und es dadurch mittragen;

~ dem Kamasha-Team: Nayarama, Shanka, Shivara, Avytaba, Martin, Tanamo, Dorothea, Kalyana, Sharuya, Neeshara, Shanyva, Lo und Ida für eure Unterstützung und Liebe in die geistige Welt und in Kamasha. Dass ihr alle die Energie mit tragt, wenn ich andere Projekte manifestiere oder auf Reisen bin;

~ meiner lieben Seelengefährtin Shivara für ihre Unterstützung, Klarheit und ihrer Liebe zu mir;

~ dem gesamten Buchteam: Sheelara, Vashaya, Ajanka, Shakti-Ma, Avytaba, Martin, Shanyva, Neeshara,

Sharuya, Udo, Edeltraud, Amba, Ramayotee, Neetaya, Yamala für eure Liebe und euren Mut, das Buch mit zu manifestieren;

~ dem Bau- und Orgateam des Seminarorts Lebensquelle in Fulda: Ashanka, Norbert, Shaiya, Svakana, Axel, Sabine, Gangolf, Maria, Jan, Antonio, Bernd, Kathrin, Hubert, Nico und seinem kraftvollen Team, Ashanee und Astrid für euren Mut und eure Kraft, was Neues auf der Erde entstehen zu lassen;

~ der geistigen Welt, die mich auf der Erde lenkt und leitet und mir die unermessliche Kraft der Liebe schenkt, um diese segensreichen Projekte zu manifestieren auf der Erde;

~ Sai Baba, Bala Sai Baba, Amma, Vishwananda, Meena Ma, Ravi Shankar für die Segnungen;

~ Luca und Noah für euer Sein;

~ Viejo für die tiefen Begegnungen;

~ und allen Menschen, die an sich und das Licht glauben und es leben auf der Erde.

Natara, Bali im Juli 2006

Inhaltsverzeichnis

Einleitung – Eine Herzenseinweihung   13

Beziehungen   21

    Frau und Mann begegnen sich
    in der Achtsamkeit des Herzens   21

    Klarheit in Beziehung zu leben,
    ist die Kraft der Liebe   39

Channeling zur Vogelgrippe   57

Erleuchtung und Erleuchtungsstufen   71

    Heilsein mit dem zweiten Herzen   71

    Neun Stufen, Erfahrungen, Wege,
    Bewusstseinsebenen der Erleuchtung   85

       Der neunte Erleuchtungsweg – Samadhi   97

       Die fünfte Ebene der Erleuchtung –
       Manifestation der Seelenkraft auf der Erde   105

Die erste Ebene der Erleuchtung –
die Klarheit 123

Die dritte Ebene der Erleuchtung –
die Achtsamkeit 137

Die zweite Ebene – die Kraft der Liebe 151

Die sechste Stufe der Erleuchtung –
das Loslassen 163

Die vierte Erleuchtungseinweihung –
die göttliche Vision 175

Die siebte Ebene: Präsenz heilt 187

Die achte Ebene: das Spiel erkennen 203

Anmerkungen 217

Verzeichnis der Einweihungen,
Heilsteine und Symbole 218

Über Natara 220

Das Channeling zur Vogelgrippe in
verschiedenen Sprachen 222

Einleitung

Eine Herzenseinweihung

Die Einweihungen dieses Kapitels können bei dir Prozesse
in Gang setzen. Gehe daher liebevoll mit dir um.
Entscheide dich bewusst für die Einweihungen, bevor du
mit dem Lesen dieses Kapitels beginnst.   Natara

Channeling mit Sananda

SANANDA: Wo zwei oder drei in meinem Namen versammelt sind, da bin ich mitten unter ihnen. Meine
geliebten Freunde, das Bewusstsein von Sananda ist mit
euch. Es ist so wundervoll, euch zu begegnen, euch zu
erfahren, eure Kraft zu erfahren, eure Ängste zu erfahren,
eure Kontrolle zu erfahren, eure Schönheit, die ihr in euch
tragt, euren Körper zu erfahren, denn es geht darum, dass
ihr alle die Manifestation göttlicher Liebe seid.

Jede Zelle ist die Manifestation göttlicher Liebe, und dass
ihr das wieder erfahrt, dass ihr wieder mehr und mehr
diese Liebe für euch lebt, dass ihr diese Liebe für die Erde
lebt, für jedes Lebewesen, für die Pflanzen, für die Tiere,
für alle. Und dass ihr euch als Teil des Ganzen erkennt,
dass ihr wieder wisst, warum ihr auf die Erde gekommen
seid, dass ihr wieder fühlt, was Leben bedeutet, dass ihr
euch wieder einhüllt, einhüllen lasst vom Leben, denn ihr

habt die göttliche Manifestation angenommen, um diese göttliche Manifestation auf der Erde zu leben.

In dieser ersten Einheit geht es darum, die göttliche Präsenz wieder in euch ganz zu aktivieren. Die göttliche Präsenz der Liebe, die göttliche Präsenz der Klarheit und die göttliche Präsenz der Achtsamkeit, denn wenn ihr achtsam seid zu euch, könnt ihr alle Probleme lösen, könnt ihr das Alte und das Neue gleichzeitig erfahren.

In eurer Achtsamkeit könnt ihr fühlen, dass Himmel und Erde eins ist. In der Achtsamkeit zu euch selbst gibt es keinen Unterschied zwischen arm und reich, zwischen gut und böse, zwischen Erleuchtung und keine Erleuchtung.

In der Achtsamkeit zu euch selbst geht es um das Ganze, das ganze Leben zu leben. Eurer ganzes Potential zu leben. Nichts einzufrieren. Alles teilen. Und diese Achtsamkeit ist der Schlüssel, um euch selbst in Frieden zu begegnen, um euch selbst in der Wahrheit zu begegnen und mit jedem Lebewesen das Leben zu teilen.

Schon als ihr entstanden seid, im Mutterbauch, habt ihr geteilt. Ihr alle seid durch den Geburtskanal gegangen. Ihr habt geteilt. Das ist die Einheit. Teilen ist die Einheit. Euch mitzuteilen, ist die Einheit, daran teilhaben zu lassen an eurer Glückseligkeit, an eurem Leben.

Die göttliche Präsenz will euch in jedem Atemzug teilhaben lassen, will euch in jedem Atemzug erkennen lassen, was wichtig ist in eurem Leben, und das ist das Teilen, Teil zu sein der Erde. Teil zu sein des Himmels, und wenn ihr das erfahrt, dass ihr Teil seid des Göttlichen, dass ihr Teil seid der Erde, das ist die göttliche Präsenz.

Dass ihr euch nicht mehr klein machen braucht, dass ihr euch nicht mehr abhängig macht von irgendwelchen Dingen und dass ihr euch in dieser Tiefe wiedererkennt.

Dass ihr das Lachen seid, das Weinen, dass ihr der Himmel seid und die Erde, dass ihr das annehmt und dass ihr euch wieder erkennt, dass ihr zulasst, euer Leben zu manifestieren und dass ihr erkennt, welche Glückseligkeit in euch ist.

In jeder Zelle ist Glückseligkeit. In jedem Baum ist Glückseligkeit. In jedem Wassertropfen ist Glückseligkeit. In allem ist Glückseligkeit. Alles in jedem Atemzug anzunehmen, das ist Glückseligkeit.

Diese Präsenz, in eurer Wahrhaftigkeit zu sein, und dieser Moment der Stille ist der Augenblick des Erwachens. Dieser Moment der Stille ist die Kraft, wo sich alles vereint – in dem sich alle geschlossenen Türen öffnen. Und in diesem Raum ist die Ewigkeit. In diesem Raum ist die Geburt. In diesem Raum ist die Erleuchtung und die

Glückseligkeit. Nichts ist höher gestellt. Alles ist da – in euch. Ihr seid der Raum. Und das ist die Präsenz. Eure Präsenz des Göttlichen. Diesen Raum zu öffnen. Diese göttliche Kraft anzunehmen. In diesem Raum ist alles möglich. Das ist die göttliche Präsenz. Das ist der Tempel.

Lasst euch noch weiter fallen in diese Präsenz der Göttlichkeit, in diese Präsenz von ‚Erfahren', denn wenn alle – alle Menschen diesen Raum wieder erfahren, vom göttlichen Sein, von ihrer Wahrheit, könnt ihr alle wieder mehr und mehr euer Potential leben, denn das göttliche Potential unterscheidet nichts.

Das göttliche Potential führt euch, lehrt euch und lässt euch die Erde erfahren im Fühlen, im Präsentsein, achtsam zu sein, euch fallen lassen und euch immer tiefer mit dieser göttlichen Kraft, mit dieser göttlichen Glückseligkeit zu beschenken.

In diesem Raum seid ihr sicher. In diesem Raum, den wir euch heute öffnen, könnt ihr alles erfahren. Vor allem euch.

Dieses göttliche Sein ist der nächste Schritt, die nächste Erfahrung für euch Menschen, dass ihr mehr und mehr die Weisheit des Lebens und die Weisheit des Himmels erkennt, denn es geht nur zusammen, wenn sich Himmel und Erde vor euch und in euch verneigen. Das ist dieser Raum von Glückseligkeit.

Und jeder wird diesen Raum anders wahrnehmen. Doch ihr seid alle – jedes Lebewesen ist aus der göttlichen Quelle.

Und genau das ist der Moment im Sein der Glückseligkeit, im Sein vom Teilen, die Stille zu teilen, das Teilen zu teilen, diese Liebe zu teilen. Der Raum ist für euch geöffnet. Der Raum, wo sich Himmel und Erde vor euch verneigen für das Leben, das ihr angetreten habt, für das Leben, das ihr lebt. Dafür, dass ihr eine Manifestation göttlicher Liebe geworden seid. In diesem Raum ist euer göttliches Bewusstsein, euer göttliches Potential und euer Frieden.

Öffnet eure Hände und spürt die Kraft, die wir euch übertragen, denn diese göttliche Manifestation geht durch jede Zelle. Öffnet euch für eure Wahrhaftigkeit, für euer Leben und für eure tiefe, tiefe Liebe, die euch gegeben ist für euch und für jedes Lebewesen.

Legt eure Hände auf euer Herzchakra. Die Hände nicht überkreuzen. Beide Handchakren auf das Herzchakra und lasst euch erfüllen – euch – von der Liebe, von der Gelassenheit, von der Glückseligkeit. Und wenn ihr eure Hände auf euer Herz legt, ist das der Türöffner für diesen Raum, für euren eigenen Raum, für eure eigene Kraft und um euer Licht ganz zu manifestieren. Göttliche Energie ist immer da. Ihr könnt sie niemals verlieren.

Durch eure Ängste, durch Zweifel könnt ihr sie manchmal nicht spüren, doch diese göttliche Liebe und diese göttliche Energie ist immer in euch. Immer. Zu erfahren und zu spüren, dass ihr alle aus dem göttlichsten Bewusstsein kommt und das göttliche Bewusstsein in euch tragt, dass ihr euch auf eine Reise begeben habt auf die Erde, um diese Göttlichkeit von allen Ebenen zu erfahren und dass ihr euch immer tiefer darin fallen lassen könnt.

Und aus dieser göttlichen Glückseligkeit, aus dieser göttlichen Gnade entsteht das Leben. Da ist keine Sehnsucht mehr nach Leben. Da ist das Leben.

Die Weisheit des ganzen Universums ist die Liebe, die Achtsamkeit und das Teilen. Das Teilen auf allen Ebenen, und dann erfahrt ihr das Leben. Und das Mein und das Dein wird zum JA. Ja, wir leben auch auf der Erde.

Eure Vision, und das ist auch die Vision von Sananda, ist, jedem Lebewesen zu dienen und mit jedem Lebewesen zu teilen. Diese Momente der Glückseligkeit, diese Momente der Trauer, die Momente der Stille zu teilen und die Erleuchtung zu teilen.

Erleuchtung ist dieser Raum. Es ist nichts Schweres. Es ist nur die Angst davor, diesen Halt zu verlieren. Aber ihr braucht gar nichts halten. Einfach da sein. Geschehen lassen. Erfahren. Einen Augenblick. Das ist auch Erleuchtung. Ihr habt ein Bild von etwas Großem.

Und es ist ein Geschenk für euch, dass ihr alle mitmacht. Alle. Und diese Geschenke bekommt ihr alle, wenn ihr wirklich versteht, dass Leben Dienen und Teilen ist.

Wo zwei oder drei in meinem Namen versammelt sind, da bin ich mitten unter ihnen. Dort, wo das Teilen erfahren wird, dort ist die Kraft, alles zu verändern.

Das Bewusstsein von Sananda ist mit euch.

Beziehungen

Frau und Mann begegnen sich
in der Achtsamkeit des Herzens

Channeling mit Maria

MARIA: Meine geliebten Freunde, das Bewusstsein von Maria ist mit euch. Es ist wundervoll, euch zu erfahren.

Es ist wundervoll, euch zu spüren und es ist wundervoll, wie tief ihr immer mehr mit eurem Herzen in Kontakt seid, wie tief ihr immer mehr mit eurer Kraft in Kontakt seid, und immer mehr lösen sich alte Strukturen. Immer mehr löst sich die Vergangenheit. Und das, was bleibt, ist die Liebe, und diese Liebe ist eure Kraft. Und diese Liebe ist das Geschenk für euch, und ihr dürft es weiter schenken an jedes Lebewesen.

Je mehr Lebewesen diese Liebe bekommen, um so leichter wird es für euch auf der Erde, denn die Erde ist, seitdem es sie gibt, ein Ort der Transformation, ein Ort des Lernens, ein Ort, wo Himmel und Erde sich vereinen. Und da geht es um die Liebe, um die höchste Form der göttlichen Liebe auf die Erde zu bringen und um eure eigene Kraft, die ihr alle mitgebracht habt, voll auf der Erde zu leben – überall wo ihr seid. Überall – was ihr tut, euer ganzes Potential zu nutzen, eure ganze Tiefe zu nutzen. Und ihr braucht nicht daran glauben, denn die Kraft wirkt durch euch. Je mehr ihr ‚Ja‘ sagt zu eurem Leben, je mehr ihr auch das annehmt, was euch abstößt auf der Erde.

Klarheit und Frieden kann nur kommen, wenn ihr alles auch integriert – nichts mehr abstößt.

Und das ist das Wichtige, wonach ihr euch alle so sehnt: eine Partnerschaft, eine Beziehung in Freude zu erfahren. So viele Beziehungen, so viele Partnerschaften erlösen sich in dieser Zeit auf der Erde, weil das nur noch Gehalt hat, was von Herzen kommt und nicht mehr das, was man über dreißig, zwanzig, zehn Jahre, fünf Jahre und länger gelebt hat.

Und die Vorstellung von dem ‚Mann sein‘, von dem ‚Frau sein‘, ist jenseits von eurer Kraft. Wenn jeder Mann und jede Frau in seiner Kraft, in der Liebe wäre mit sich selbst, mit dem Körper, mit der Erde – wäre Frieden.

Der Kampf im Außen ist der Kampf des Inneren. Und je mehr Menschen kämpfen mit ihrem Körper und unterdrücken und nicht den Körper als Tempel ansehen, desto leichter seid ihr Menschen manipulierbar. Das große Negative zu sehen und nicht euer Kleines.

Doch wenn ihr die Liebe erfahrt, hört alles Urteilen auf. Und diese Liebe bringt euch zu euch selbst. Und diese Liebe bringt euch in eure Kraft des ‚Frau seins', des ‚Mann seins', in die Kraft, die euch mit dem Kosmos und mit der Erde vereint, dass ihr wirklich erfahrt, welche Kräfte des Lichts aus dem Kosmos durch euch fließen können und dass ihr euch nicht mehr einfriert.

Diese ganze aufgebaute Scham für eure Göttlichkeit, für eure Schönheit, braucht ihr nicht mehr zu leben. Zeigt die Göttlichkeit in allem, was ihr tut, in allem, was ihr lebt, und geht achtsam und liebevoll mit euch um. So entsteht eine Beziehung zu euch selbst, und so entsteht eine Beziehung zu eurem Partner.

Doch so viele Menschen legen immer die Beziehung auf das Außen. Doch die innere Beziehung zu euch ist so wichtig. Denn wenn ihr euch wieder mit einbezieht in das Leben, euer Herz wieder mit einbezieht in das Licht, eure Kraft wieder nutzt in einer Partnerschaft, findet diese Partnerschaft Erfüllung.

Erfüllt sein von eurem Herz bedeutet erfüllt sein in einer Beziehung. Vorstellungen sind immer aus der Vergangenheit.

Das Jetzt ist dieser Augenblick. Und diese Vorstellungen, wie ihr zu sein habt als Frau, als Mann, die hindern euch daran, eine erfüllte, erkennende, vom Herzen gelebte

Beziehung zu euch selbst zu haben und in eurer Partnerschaft.

Das, was es braucht, ist der Mut, die Machtstruktur in der Sexualität zu erlösen, diese Gier zu erlösen, um die Einheit wieder zu erfahren. Es ist so wichtig und so wertvoll, die Beziehung zu euch selbst. Und die Menschen, die sich nicht auf sich beziehen, erfahren immer mehr das Ende einer Beziehung, weil das Herz – euer Herz etwas anderes leben will. Euer Herz lässt sich nirgendwo mehr reinpressen und euer Herz darf leben.

So wie ihr lebt, ist es wichtig, dass die Momente des Eins-Seins immer mehr werden. Die Momente, dass ihr fühlt, wie stark eure innere Kraft ist. Wie stark die Kraft der Liebe ist, die ihr alle mitgebracht habt.

Dann gibt es keine Unausgeglichenheit mehr zwischen Mann und Frau. Dann gibt es die Möglichkeit der Entfaltung. Die Knospe wird zur Blüte und die Blüte erstrahlt in ihrer schönsten Form.

Dass ihr euch spürt in der Partnerschaft, braucht es immer wieder die Kommunikation, das Erfahren, das Miteinander, das Lebendigsein. Wie viele Beziehungen sind schon innerlich seit dreißig Jahren tot? Doch wird es immer noch praktiziert. Weil es so ist.

Und aus diesen Strukturen, ist es wichtig, dass ihr euch verabschiedet, dass ihr euch mehr und mehr wieder dem Leben hingebt.

Ihr könnt niemals irgend etwas verlieren außer euch selbst. Das ist ein wichtiger Satz für euch, um euch auf-zuzeigen, dass ihr euch an nichts klammern braucht – an gar nichts.

Das Leben auf der Erde ist eine Spielwiese, auf der alles da ist, und dass ihr euch wieder erfahrt, dass ihr eure Kraft wieder wahrnehmt, wenn ihr diese Wiese nutzt, um euch von allen Süchten zu verabschieden.

Dass ihr diese Wiese, dieses Feld nutzt, etwas Neues zu säen auch in der Beziehung zwischen Mann und Frau, in der Beziehung zwischen Mutter und Tochter, in der Beziehung zwischen Vater und Sohn, denn die Strukturen sind oft so verhärtet, so starr – geprägt von Abneigung, von Selbstzweifeln.

Doch wenn ihr euch folgt – eurem Herzen, erschafft ihr eine neue Form des Lebens auf der Erde. Und in diesem Moment könnt ihr erfahren, wie eine neue Ebene in euch entsteht, eine Beziehung zu euch, zu euren Eltern, zu eurem Vätern, zu euren Müttern, zu euren Kindern, zu euren Enkeln, wie eine Kraft der Freiheit sich manifes-tiert.

Eine Beziehung zu eurem Partner, die mit Freiheit gesät ist, bedeutet Liebe.

Eine Beziehung zu euren Kindern, die mit Vertrauen gesät ist, bedeutet Achtung.

Eine Beziehung zu euren Eltern, die mit Gnade erfüllt ist, bedeutet Leichtigkeit.

Eine Beziehung zu euren Geschwistern, die mit Ehrlichkeit gesät ist, bedeutet Verständnis.

Das sind die Säulen eines erfüllten Lebens. Diese Säulen sind so verschüttet bei euch auf der Erde – in euch. In euch Menschen gibt es diese Säulen. Und es ist so wichtig, sich darin wieder zu finden, euch damit wieder zu erfüllen, was es bedeutet, dieses Leben auf der Erde zu erfahren, was es bedeutet, diese Kraft auf der Erde zu nutzen.

Gibt es Fragen, die ihr habt, dazu?

FRAGE: Ich möchte dich fragen: Kann ich meine Partnerschaft verbessern, indem ich mich noch mehr auf mich selber konzentriere und mich darum bemühe, immer mehr in meine Herzenswärme zu kommen?

MARIA: Je mehr ihr eure Kraft lebt, je mehr ihr verbunden seid mit eurem Herzen, um so mehr schwinden die Vorstellungen einer Beziehung. Und das ist die größte Heilung.

Je mehr ihr euch für euch selbst öffnet, für euch, um eure Kraft zu erfahren, um so mehr schwindet diese Sehnsucht nach einer Partnerschaft, in der ihr euch nicht mehr aufgeben braucht, in einer Partnerschaft. Das ist nicht egoistisch. Es ist ein Wachrütteln eures Herzens, zusammen mit dem Herzen in eine Beziehung zu gehen, um dann diese Kraft mit dem Partner zu teilen und diese Kraft mitzuteilen. Und diese Kraft kann euch erfüllen in einer Beziehung.

Das Miteinander, dass sich die Herzen verbinden, das ist die Beziehung einer Partnerschaft. Und je mehr ihr euch öffnet füreinander, um so stärker wird die Verbindung im Herzen. Und wenn die Liebe des Herzens euch begleitet, geschieht immer mehr Öffnung. Auch wenn viele Partner Angst haben vor der Herzöffnung. Auch wenn viele Partner zurückweichen, wenn ihr euer Herz öffnet, geht weiter – geht weiter, wirklich eure ganze Beziehung zu euch zu erfahren.

Denn die Beziehungen zwischen Mann und Frau, zwischen Mann und Mann, zwischen Frau und Frau, haben keine Chance mehr, wenn nur die sexuelle Ebene im

Vordergrund steht. Wenn Herzen sich verbinden, dringt der ganze Kosmos in euch ein. Und das ist die neue Form und die neue Kraft von Beziehung.

FRAGE: Was ich gerade gehört habe, macht mir Mut und fühlt sich auch gut an. Aber wie ist es mit der Beziehung zwischen Mutter und Tochter, denn da spielen ja auch die energetischen Bänder eine Rolle? Und es heißt, sie können nur von beiden Seiten wirklich gelöst werden. Also hindert doch die eine Seite die andere an der Freiheit.

MARIA: Diese Säulen der Erkenntnis, dieser Pfad der Erkenntnis, den wir euch gerade gegeben haben, ist das Wissen des Herzens. Im Herzen gibt es keine Bänder. Im Herzen ist Liebe. In der Mitte, in diesem Raum der Liebe, ist Freiheit. Und wenn ihr ab diesem Augenblick an diesem Pfad des Herzens teilhabt, werdet ihr spüren, dass nur die Kraft des Herzens da ist.

FRAGE: Ich würde gerne wissen, wie man in einer Partnerschaft eine richtig glückliche, gesunde Sexualität lebt? Ich habe das Gefühl, dass kollektiv einfach noch so viele Wunden bestehen – Prostitution, Missbrauch – und dass es echt total schwer ist, sich in eine gesunde Sexualität einfach reinfallen zu lassen.

MARIA: Das Allerwichtigste ist Frieden zu schließen, auch mit der Prostitution, auch mit dem Missbrauch – Frieden zu schließen. Das ist die erste Stufe: Frieden zu schließen mit deinem ‚Frau sein‘, mit deinem Körper – Frieden zu schließen. Dann entsteht keine Macht. Dieses

Rollenspiel zwischen Täter und Opfer: dadurch entsteht ein Machtverhältnis. Doch wenn du Frieden schließt mit deinem Körper, mit deinem Leben, mit den Kämpfen deiner Seele, erfährst du den größten Tanz mit dir selbst.

Es geht um das Annehmen, dass ihr den Körper annehmt als Zeichen der tiefsten Liebe, dass ihr eure Handlungen annehmt und eure Kraft immer mehr aus dem Herzen kommen lasst. So entsteht Frieden, Frieden mit der Vergangenheit zu schließen, Frieden mit der Zukunft zu schließen und vor allem Frieden mit dem Leben zu schließen. Dann entsteht eine getragene Sexualität. Dann entsteht ein Miteinander und eine Achtung – eine Achtung vor euch und eine Achtung vor euren Partnern.

FRAGE: Ist es eigentlich notwendig die Kodierungen zu lösen, die in jedem von uns einprogrammiert sind, z.B. was die Fortpflanzung betrifft? Jede Frau hat das Gefühl, Kinder bekommen zu müssen, jeder Mann meint, für eine Familie Verantwortung tragen zu müssen. Das sind ja auch Kodierungen, die viel Trennendes an sich haben.

MARIA: Auch hier ist dieser Pfad des Herzens ein wundervoller Weg, um sich von der alten Energie zu verabschieden. Dass ihr euch in allem leben könnt, dass ihr Frieden schließen könnt und dass ihr nicht schlechter seid oder schwächer, wenn eine Frau keine Mutter wird, wenn ein Mann kein Vater wird – so ist das genauso göttlich. Ihr macht diese Unterschiede. Ihr macht diese

Konditionierungen: als Frau auch Mutter zu werden. Doch in der Achtsamkeit des Herzens ist alles gleich, in der Achtsamkeit eures Herzens spielt es keine Rolle, ob ein Kind in einer Partnerschaft entsteht oder nicht.

FRAGE: Sag uns bitte etwas über deine Beziehung zu Jesus Christus.

MARIA: Es sind so viele Geschichten auf der Erde darüber entstanden. So viel wurde geschrieben.

Eine Seele auf die Erde einzuladen, ist ein Einweihungsweg. Die Seele begleitet die Mutter und auch den Vater sechs Monate vorher. In dieser Zeit ist es wichtig, eine besondere Kost zu sich zu nehmen, besondere Nahrung und tiefe Meditationen.

Es ist wichtig, in diesen sechs Monaten den Körper zu reinigen: mit Bädern, Schwitzen. Den Körper aufzubauen mit viel rohem Gemüse – nichts Gekochtes. Das hat keine Energie. In rohem Gemüse ist das Leben. Eure Körper werden dadurch frisch und ihr kommt mehr und mehr auch an eure emotionale Belastung ran, durch diese Ernährung. Ihr kommt mehr und mehr an eure tiefsten Gefühle ran, auch über das ,Frau sein', über das ,Mann sein', um euch davon zu verabschieden. Das geschieht durch Reinigung.

Sich körperlich fit zu halten, durch Yoga, durch Meditation, indem ihr wirklich die Muskeln kräftigt, das Gewebe kräftigt, wenn ihr Giftstoffe meidet, dass wirklich diese göttliche Seele in euren Körper kommt.

In dieser Zeit, wo euch die Seele begleitet, ist es wundervoll, tief mit der Seele in Kontakt zu sein – über die Seele zu erfahren. So ist es mir und meinem Partner ergangen, dass wir uns darauf vorbereiteten, auf diese große Empfängnis, auf diese große neue Energie, die jeder Frau zuteil wird.

Und es war wichtig: diese sechs Monate – eine Zeit der Reinigung, des Loslösens, des Freiseins – zu erfahren, um gereinigt und stark eine Seele zu empfangen.

Und diese Reise, wenn eine Seele Körper wird, ist die stärkste Einweihung auf der Erde. Und Maria möchte euch ermutigen, gebt dieses Wissen wirklich weiter, dass die Kinder wieder gesund auf die Erde kommen und dass die Frauen gestärkt, die Männer gestärkt sind und nicht nach der Geburt zusammenbrechen, sondern wirklich in dieser Kraft bleiben.

FRAGE: Du hast eben von deinem Partner auf der Erde gesprochen. Ist es so, dass Jesus dann auch einen physischen Vater wirklich hatte?

MARIA: Wenn sich zwei Menschen im Herzen berühren, wenn zwei Menschen im Herzen zusammenkommen, werden sie eins, im Herzensraum die Verbindung von Liebe zu erfühlen, die Verbindung von Liebe zu erfahren.

Diese Liebe lässt es zu, dass die Kraft einer Seele durch das Herz zum Leben erwacht. Das ist möglich, doch es braucht die männliche Energie dazu. Wenn die Kraft dieser zwei Menschen – dieser Partner – so stark ist, von Liebe durchströmt, können Seelen diese Kraft nutzen.

FRAGE: Ich wollte dich bitten, ob du mich von meinen Regelschmerzen befreien kannst?

MARIA: An diesem Tag deiner totalen Öffnung, deiner Menstruation, nimm nur Rohkost zu dir, nichts Gekochtes – nur Rohkost, kein Getreide – nur Rohkost. Durch den Blutverlust ist dein Körper schwächer, und wenn du das aufnimmst mit viel roter Beete, mit viel Fenchel und Pastenacken – ganz wichtig –, geht der Schmerz.

Und es ist wichtig, Frieden zu schließen, Frieden zu schließen mit der Öffnung, mit dieser Kraft, die da ist, Frieden zu schließen – mit dieser weiblichen Energie. Das ist für alle Frauen gut, damit die Kraft erhalten bleibt.

FRAGE: Ich wollte noch mal auf die Mutter-Tochter-Beziehung zurückkommen. Ich habe das Problem, zu meiner Mutter nicht vorzudringen. Ich versuche, das Herz zu öffnen. Entweder es gelingt mir nicht oder es kommt bei ihr nicht an. Kannst du da eine Hilfestellung geben?

MARIA: Eine Mutter will immer das Beste für ihr Kind. Ein Vater will immer das Beste für sein Kind. Von ihrem Herzen wollen sie das Beste. Sie fühlen, doch sie wissen nicht, ob das das Beste für dich ist. Wenn Menschen mit ihren Ängsten nicht umgehen lernen, die Ängste nicht anschauen, bauen sie immer mehr Mauern auf, denn die Ängste können sehr viel Lebensenergie verbrauchen. Und die Ängste können euch immer mehr einengen, so dass viele Menschen nicht frei sind, viele Menschen Angst haben vor der Wahrheit, Angst haben vor der Klarheit, und sie verschließen sich vor sich selbst. Sie verschließen sich vor dem Leben.

Wenn sie die Verletzung, die sie durch die Ängste erlebt haben, heilen, würden sie dich hören. Das ist die Angst, diese Gefühle zuzulassen – sich wieder zu öffnen, diese Angst, schon wieder verletzt zu werden, und deshalb kommt vieles nicht an. Sie nehmen es durch die Erfahrungen, die sie erlebt haben, durch den Krieg, nicht an. Achte und ehre sie. Das ist das schönste Geschenk, dass du dir schenken kannst und ihr.

FRAGE: Ich habe eine Frage zu Konfliktsituationen zwischen Mann und Frau – den unterschiedlichen Energien, die ja nun auch gelebt werden.

*Kannst du uns eine Energieübung nennen, die hilft, in Konflikt-
situationen eine Basis für eine konstruktive Kommunikation zu
schaffen, dass man überhaupt wieder zueinander findet, um sich
auszutauschen?*

MARIA: Erschafft in einer Beziehung, in einer
Partnerschaft, eine Form von Kommunikation. Dies
bedeutet: zuhören.

Wenn ein Partner spricht, wirklich hinhören und ihn aussprechen lassen. Die ganze Kraft nutzt ihr immer, dass ihr
euch gegenseitig die Worte abschneidet. Wenn ihr wirklich konstruktiv kommuniziert, bedeutet hinhören, was
der Partner sagt, ihn aussprechen lassen und dann aus
deiner Sicht heraus zu antworten, wie es auf dich wirkt –
das Gesagte. Wie es vielleicht auf deine Verletzungen
trifft.

Trotzdem das mitzuteilen, wenn dein Raum von
Kommunikation da ist. Schafft euch wirklich neue
Räume von Kommunikation und erschafft euch Räume;
im Kreise der Frauen zusammen, im Kreise der Männer
zusammen bist du stark.

Das bedeutet es wirklich: Männerkreise bilden, entstehen
lassen. Aus der Kraft des ,Mann seins' heraus sich zu entfalten. Und Frauenkreise. Unterstützung zur Kommunikation und zur Entfaltung der Kraft.

Spirituelle Kreise: Im Kreise der Männer zu sein, im Kreise der Frauen zu sein, das verbindet Paare wieder miteinander, denn so viele Freundschaften sind aufgebaut auf das Äußere zwischen Mann und Frau. Doch im Kreise, wo wirklich eine spirituelle Kraft entsteht, in dem Kreise von Frauen, da entsteht Heilung.

Was könnt ihr hier spüren, was da entsteht?

FRAGE: Ich möchte dich gerne zu Beziehungen von Geschwisterkindern, gerade von kleinen Geschwisterkindern etwas fragen: Ich erlebe dort oft Aggressionen und Eifersüchteleien. Kannst du uns Eltern einen Rat geben, wie wir unsere Kinder unterstützen können?

MARIA: Es geht hierbei um den Halt. Kinder wollen die Erde erfahren. Kinder wollen die Erde erspüren. Kinder brauchen den Halt, um sich zu entwickeln, um auf der Erde anzukommen, um die Geborgenheit zu spüren.

Wenn ihr schon in den sechs Monaten, wo die Seele euch begleitet, mit der Seele kommuniziert, sprecht, können sich die Kinder auch entfalten, und wenn du Situationen erfährst, wo Eifersucht, Neid zwischen den Kindern ist, so ist es wichtig, auch mit ihnen zu kommunizieren, auch mit der Seele, mit dem höheren Selbst zu kommunizieren.

Und es ist wichtig, dem Kind in seiner Trauer im Herzen zu begegnen. Wenn es eifersüchtig ist oder Neid zeigt, dann ist es eine innere Trauer, und diese Trauer zuzulassen und mit dieser Trauer umzugehen und diese Trauer zu heilen.

Daran heilt auch oft die ganze Familie, denn Kinder tragen so viel Unerlöstes in der Beziehung, in der Partnerschaft. Dadurch wollen die Kinder euch etwas zeigen, deshalb diese Trauer. Sie ist wichtig. Und wenn ihr sie zusammen erlöst, ist diese Eifersucht auch erlöst.

FRAGE: Was können wir Menschen heute für die Beziehung zu unseren Vorfahren tun?

MARIA: Eure Vorfahren, eure Ahnen, können euer Leben erleichtern oder auch erschweren. Egal was geschehen ist in ihrer Zeit.

Doch wenn die Achtung da ist vor den Ahnen, euren Vorfahren, spielt es keine Rolle mehr, was geschehen ist. Errichtet euch in euren Wohnungen, in euren Häusern einen Platz für die Ahnen. Ehrt sie, damit sie euch wirklich diese Kraft übertragen können – des Lebens.

Errichtet einen Platz für eure Ahnen, dass sie euch in eurem Leben begleiten, ein Zeichen des Dankes. Egal was sie getan haben. Das ist die Beziehung zu euren Ahnen.

Es reicht, wenn ihr einen alten Ast nehmt und einen Bergkristall. Das reicht völlig aus.

FRAGE: Ich habe eine Frage zum Thema Sexualität: Wenn sie lustvoll und wirklich mit Freude gelebt wird, habe ich verstanden, dass ich damit nicht nur mich selbst heile, meine Partnerschaft, sondern auch das Kollektiv. Kannst du dazu noch was sagen?

Und ich wüsste auch gerne, welche Auswirkungen das in euren Sphären hat, außer dass ihr euch mitfreut?

MARIA: Wenn ihr euch wirklich hingeben könnt, euch selbst, dem Partner, und dieser Frieden euch erfüllt, dann ist es ein ganz großes Geschenk, das ihr euch macht, das ihr der Erde macht und dem Kosmos.

Wenn ihr euch einem Menschen hingebt und die Kraft der Herzen sich verbindet und dadurch die Kraft der Sexualität erwacht, ist das die göttliche Vereinigung und das heilt sehr tiefe Verletzungen im Kollektiv des Frauenbewusstseins und des Männerbewusstseins.

Und es geht darum, mit dieser Kraft, die ihr durch die Sexualität erfahrt, euch auch den Verletzungen zu stellen, die damit auch wieder ins Bewusstsein kommen und euch dadurch zu heilen, in dem Miteinander Frieden zu schließen mit dem Körper, mit dem ‚Frau sein‘, mit dem ‚Mann sein‘, mit der Sexualität.

Das bringt euch in eine Sexualität, die aus dem Herzen kommt, die nicht gesteuert ist von den Gedanken, die aus reiner Kraft des Herzens kommt.

Und das ist die göttliche Erfahrung und dann geht alles auf und ihr habt viel mehr Lebenskraft. Und das ist auch die göttliche Sexualität, dass es die Lebenskraft stärkt.

Lasst euch tief ein auf das Erleben von Sexualität mit euch, mit euren Partnern, und lasst das Herz immer stärker im Vordergrund stehen.

Das Licht von Maria begleitet euch in euren Handlungen, in eurem ‚Frau sein‘, in eurem ‚Mann sein‘.

Nutzt dieses Wissen, was wir euch geben, nutzt diese Kraft.

Maria ist alle Zeit mit euch.

Beziehungen

Klarheit in Beziehung zu leben, ist die Kraft der Liebe

Die Einweihungen dieses Kapitels können bei dir Prozesse in Gang setzen. Gehe daher liebevoll mit dir um. Entscheide dich bewusst für die Einweihungen, bevor du mit dem Lesen dieses Kapitels beginnst.   Natara

Channeling mit Erzengel Michael

ERZENGEL MICHAEL: Meine geliebten Kinder des Lichts, das Bewusstsein von Erzengel Michael ist mit euch und grüßt die Schönheit und die Klarheit in eurem Herzen.

Klarheit in Beziehung zu leben, ist die Kraft der Liebe. Klarheit in Beziehung zu erfahren bedeutet, dass ihr euch ganz fallen lassen könnt, dass ihr euch wirklich hingeben könnt – euch selbst und dem Partner.

Klarheit zu euch selbst ist die größte Selbstliebe, die ihr euch schenken könnt. Klarheit bringt euch zur Erleuchtung. Beziehung bringt euch zur Erleuchtung: Beziehung mit euch selbst, Beziehung mit Gott, Beziehung mit dem Partner.

All das sind Einweihungen auf eurem Weg in die Freiheit, auf eurem Weg in die Entwicklung. Wenn ihr in eurer Partnerschaft in aller Klarheit kommuniziert, in aller Klarheit euch begegnet, bleibt nichts mehr geheim, könnt ihr euch ganz offenbaren – und vor allem ganz wahrnehmen, denn euch wahrzunehmen – in einer Partnerschaft – ist das Geschenk. Euch nicht zu verlieren in einer Partnerschaft, euch nicht aufzugeben.

Euch – in aller Klarheit – euch selbst zu begegnen, ist die größte Partnerschaft, die ihr habt, in eurem Leben.

Beziehung zu erfahren geht nur noch in Klarheit. Beziehung auf allen Ebenen wird getragen von Klarheit und von Vertrauen. Und das ist die Grundlage für ein erfülltes Leben, für eine Kraft, euch auf der Erde zu ver- wirklichen und alle Verletzungen als Chance zu sehen. Damit Frieden zu schließen und den Weg des Herzens immer mehr gehen.

So viele Bänder entstehen durch Sexualität, durch Gedanken, durch Worte. Durch nicht ausgedrückte Gefühle entstehen so viele Bänder, die euch blockieren, die euch nicht frei sein lassen.

Doch wenn ihr sie in Klarheit erkennt, werdet ihr erlöst und diese Bänder auch. Je klarer ihr werdet, um so weni- ger erreichen euch diese Gedanken und sie können dadurch nicht mehr in eurer Aura anhaften. Und je klarer ihr seid in Beziehungen, in der Sexualität, um so mehr Lebenskraft habt ihr.

Durch diese ganzen Unklarheiten, die Gier, das Erleben-Wollen, entsteht ein Ungleichgewicht. Und wenn ihr euch mehr und mehr auf euch einlasst, auf eure Klarheit, ist es das größte Geschenk, dass ihr das Leben habt und ihr in dieses Leben alles integrieren könnt. Alles.

So viele Menschen suchen und suchen und suchen nach einer erfüllten Partnerschaft, nach einer erfüllten Sexualität. Doch wenn ihr euch findet – findet ihr alles in euch.

Es geht nicht mehr darum, dem Alten hinterherzurennen, der alten Energie, der Vergangenheit hinterherzurennen. Viele Menschen leben immer noch in der Vergangenheit, weil sie nicht Frieden geschlossen haben mit den Verletzungen, die sie erfahren haben.

Und wenn sie Frieden schließen, wenn ihr Frieden schließt, öffnet sich eine völlig neue Ebene, eine völlig neue Sexualität zwischen Mann und Frau, zwischen Mann und Mann, zwischen Frau und Frau.

Und wenn ihr euch wirklich ernst nehmt in eurer Sexualität, keine Spielchen mehr spielt, Machtspiele erlöst, indem ihr bei euch bleibt und in aller Klarheit euch selbst begegnet.

Alle Anhaftungen, die durch Gedanken, durch Worte, durch Nahrung, durch Süchte entstehen, werden erlöst.

Alle Anhaftungen werden in Liebe erlöst, in diesem Augenblick.

Das geschieht mit jedem, der dieses Buch liest, damit alle Menschen aufwachen und ihre Kraft leben können und alles integrieren können in ihrem Leben. Alles in ihrem Leben. Und dazu ist es wichtig, dass euch nichts mehr anhaftet, dass ihr die Bänder erlöst.

Werde, wer du bist, und lass dein Herz leben. Lass dich erfüllen von der Klarheit des Lichts und von der Tiefe der Liebe zu dir.

Was spürt ihr?

ANTWORTEN:

Erleichterung,

es ist herrlich,

Freude,

Zufriedenheit,

mehr Licht,

mein Herz wird leicht,

mein Herz geht auf,

Wärme,

ich möchte dir tief aus meinem Herzen danken, Erzengel Michael.

ERZENGEL MICHAEL: Eure Lichtkraft zu manifestieren, ist das größte Geschenk für den Kosmos und für die Erde. Und diese Kraft kann jetzt völlig durch euch fließen, nachdem alle Bänder von euch genommen wurden.

Ihr werdet es spüren, wie tief das geht, diese Befreiung und diese Tiefe.

Dass ihr euch erkennt in der göttlichen Gnade und dass ihr euch erkennt in der göttlichen Freiheit.

Je klarer ihr seid mit euch und je mehr ihr die Klarheit eures Herzens lebt, um so mehr wird die Liebe zu euch selbst, zu eurer Sexualität, zu eurem ‚Frau sein‘, zu eurem ‚Mann sein‘.

Mit dieser Kraft in Ehrlichkeit umzugehen, diese Kraft in Ehrlichkeit zu leben – nicht durch Spielchen, nicht durch ‚mein‘ und ‚dein‘ – durch Liebe zu euch selbst.

Und das geschieht, wenn die Bänder erlöst sind. Wie in diesem Augenblick – geschieht das. Frieden kehrt ein und Frieden ist der Weg aller Beziehungen.

Wenn sich zwei Menschen ohne Liebe treffen: aus Gier, aus dem Verstand heraus. Aus dem Verstand heraus gelebte Sexualität tut weh. Wenn Sexualität ohne Liebe gelebt wird, entstehen Verletzungen, entstehen Schocks, entstehen Geschwüre, und die Aura wird benebelt. Wenn die Sexualität vom Herzen gelebt wird, ist es ein Feuerwerk von Energie.

Und das ist so wichtig, dass ihr diese Kraft des Herzens erfahrt und nicht die Sucht noch mehr. Denn wenn ihr euer Leben vom Herzen her lebt, könnt ihr alles vom Herzen erfahren.

Gibt es Fragen?

FRAGE: Lieber Erzengel Michael. Es ist wundervoll, in dieser Freiheit zu sein. Jetzt. Wie können wir uns vor neuen Bändern schützen?

ERZENGEL MICHAEL: Durch Klarheit. Absolut authentisch sein und deine Kraft zu nutzen. Angst erschafft Bänder. Angst erzeugt Manipulation, doch wenn du klar bist, können sich alle Ängste in Liebe transformieren. In der Klarheit kannst du allen Ängsten in die Augen schauen und sie in Liebe annehmen, dann sind sie nicht mehr da.

Und je klarer ihr auf der Erde seid, um so stärker wird eure Aura. um so stärker wird eure Gedankenkraft, und ihr seid mit einer Klarheit gesegnet. Je mehr du deine Gefühle ausdrückst, dein Innerstes benennst deinem Partner, um so liebevoller kannst du mit allem umgehen.

Und viele Bänder entstehen durch Unklarheit, durch nicht gesagte Worte, durch nicht gesprochene Emotionen. Und wenn du da klar bist und dir das behältst, was du hier empfängst, entsteht die Wahrnehmung zu dir, zu anderen, zu allen Lebewesen neu.

Ihr alle bekommt in anderen Ebenen eine ganz neue Wahrnehmung, mit der Klarheit umzugehen.

FRAGE: Es ist so schön hier zu sein – in dieser Energie. Gibt es auch Bänder, die durch Rituale entstanden sind, zum Beispiel kirchliche Rituale, oder gibt es Bänder, die durch Gewalt entstanden sind, also durch Kriege, durch Mord, durch Erlebnisse, die wir in früheren Inkarnationen hatten, und wie können wir diese Bänder lösen, wenn es sie gibt?

ERZENGEL MICHAEL: Es gibt Erfahrungen, die ihr aus vergangenen Leben mitbringt. Da entsteht ein Band. Und es gibt auch viele kirchliche, religiöse Rituale, wo auch Bänder entstehen. Doch auch das ist ein Zeichen der Entwicklung, um euch in eure Kraft zu bringen, um aufzuwachen.

Auch Schocks beinhalten Bänder: Angstbänder. Durch irgendwelche Verletzungen in der Kindheit, in der Pubertät entstehen Bänder, und die werden alle erlöst, durch eure Klarheit, durch eure Liebe und durch diese Energie, die wir hier manifestieren.

Und auch hier ist es wichtig, wirklich mit allem Frieden zu schließen, mit vorigen Leben, mit kirchlichen Ritualen Frieden zu schließen und Erneuerung beginnen zu lassen.

FRAGE: Ich erfahre es oft in Familien, dass Mädchen von Generation zu Generation eine Art weitergegeben wird, Sexualität zu leben, die ihnen nicht entspricht. Ist es ratsam, diese Bänder schon frühzeitig zu lösen, damit dieses Weitergeben aufhört?

ERZENGEL MICHAEL: Auch das geschieht in der hohen Energie hier, dass ihr euch vertrauensvoll begegnen könnt in der Sexualität, dass die Mutter die Ängste nicht weitergibt, die Scham.

Dass ihr euch wirklich fallen lassen könnt in dieser Kraft des ‚Frau seins‘, das ist das, was ihr alle den Kinder mitgeben könnt, dass sie richtig sind auf der Erde, dass sie den Körper erfahren können, die Kinder.

Wenn du klar bist mit deinem Körper, mit deiner weiblichen Sexualität, mit deiner Liebe zu dir selbst, gibst du das gar nicht erst weiter. Hier geht es auch wieder um die Klarheit.

Und arbeitet mit dem Pfad des Herzens, den Maria euch gegeben hat. Diese Säulen sind mit die wichtigsten Erfahrungen in eurem Leben, denn dieser Pfad des Herzens ist auch eine Einweihung, die ihr bekommt.

Und je klarer ihr seid zu euch selbst, um so klarer sind auch eure Kinder: eure Töchter, eure Söhne. Je klarer sind sie, das Leben zu leben, und haben den Mut, das Leben zu erfahren. Und sie wollen auf der Erde sein, ankommen auf der Erde. So viele Kinder, so viele Seelen können nicht ankommen im Körper. Wenn ihr die Klarheit erfahrt, wenn ihr eure Klarheit lebt, lebt ihr sie für eure Kinder.

FRAGE: Zuerst noch mal ein großes Dankeschön für die Bänder, die du getrennt hast. Ich spüre große Leichtigkeit und Freude in mir. Das ist ein großes Geschenk.

ERZENGEL MICHAEL: Ja

FRAGE: Aber ich stelle auch fest, dass ich dieses Geschenk gerne sehr lange bewahren möchte, und schon kommen die Ängste wieder hoch: Was wird in Zukunft werden?

Natara hat einmal gesagt, dass Bänder entstehen durch Sexualität, dass Bänder entstehen, wenn wir Frauen Blut verlieren, dass Bänder entstehen, wenn wir in Arztpraxen sind und Berührung zu Geräten haben. Können wir diese Bänder löschen, indem wir den Text noch einmal lesen?

Oder was gibt es sonst für Hilfestellungen?

ERZENGEL MICHAEL: Es geht auch hier wieder dabei um das Bewusstsein, um den Frieden.

Wenn ihr euch von Herzen verabschiedet mit einem Gedanken des Dankes, dann werden die Bänder durchtrennt – bei der Menstruation.

Wenn ihr wirklich damit liebevoll umgeht, wenn ihr es nicht ablehnt, wenn ihr es nicht als unangenehm empfindet, dass es da ist, und euch bedankt und in Frieden loslasst, haftet das Blut nicht mehr an euch – oder die Flüssigkeit.

Die Herz-zu-Herz-Begegnung bei der Sexualität, die Verschmelzung in der Sexualität im Herzen, lässt alle Bänder durchfließen. Und die Sexualität, die gelebt wird, aus Sucht, aus Gier, die erzeugt Bänder. Da entstehen Bänder, die euch schwächen, die eure Lebenskraft schwächen. Aber wenn ihr euch wirklich hingebt in der Sexualität, wenn ihr euch öffnet und eure Herzen berührt werden, entstehen keine Bänder. Ihr werdet es wahrnehmen, dass die Sexualität sich verändern wird in eurem Leben.

FRAGE: Du hast mir zu meiner Partnerschaft mal gesagt, ich werde es auf der Herzensebene spüren, wann die Zeit ist zu gehen. Ich bin in einer Partnerschaft, die auf der Herzensebene wunderbar ist, aber im Alltag schier unlebbar.

Da fühle ich mich wie: Ich soll nicht gehen, aber ich soll nicht bleiben, weil unter Umständen wegen Verletzungen aus der Vergangenheit keine Nähe zugelassen wird, und selbst die Begegnung auf der Herzensebene schon als Bedrohung empfunden wird, weil eventuell schon wieder Verletzung sein könnte.

Wie kann ich mit der Situation umgehen? Was ist mein Part, dass ich für mich nicht das Gefühl habe, in einer Situation zu stecken, die in der Starre ist, weil aus Angst keine Bewegung zugelassen wird?

Wann weiß ich, dass ich gehen kann? Dass ich es einfach hinlegen kann, oder ist es unter Umständen so, dass es gar nicht wichtig ist, was wir im Außen leben, sondern dass, egal wie grotesk das Außen sein mag, einfach wirklich nur die Sprache des Herzens entscheidend ist?

ERZENGEL MICHAEL: Es geht immer um die Herzensebene, um das Erfahren des Herzens und um die Sprache des Herzens.

Das Allerwichtigste ist, dass ihr das Herz im Innen und im Außen lebt, dass ihr nicht immer eine Brücke bauen müsst, dass ihr euch wirklich in jedem Atemzug eurem Herzen stellen könnt und diese Herzenskraft in jedem Atemzug verströmen lasst, dass Innen und Außen im Herzen eins ist. Das ist der Weg für euch auf der Erde.

Wo es wirklich keine Anstrengung ist und je mehr ihr eurem Herzen vertraut, je mehr ihr euer Herz lebt, werden die Momente, wo Innen und Außen verschmelzen, immer mehr – immer mehr. Es kostet so viel Kraft, wenn das Außen nicht mit dem Inneren zusammengeht, wenn ihr euch ständig aufmacht, zumacht und aufmacht und zumacht. Das ist Stress und dann solltet ihr es lassen.

Wirklich mit der Kraft eures Herzen verbunden bleiben, bedeutet die Kraft in jedem Atemzug zu leben, das Innen und das Außen eins wird.

FRAGE: Ich möchte dich bitten, alle existierenden Anhaftungen und Bänder von unseren Ehepartnern oder Lebensgefährten und von unseren Kindern zu lösen, damit die Basis für ein neues Miteinander geschaffen wird.

ANMERKUNG: Lange Zeit ist Stille da, Erzengel Michael löst die Bänder von Partnern und Kindern der Anwesenden, die auf einer bestimmten Ebene damit einverstanden sind.

Du kannst auch Erzengel Michael bitten, dass alle Anhaftungen und Bänder deines Partners und deiner Kinder gelöst werden. Halte inne und spüre nach, was passiert.

ERZENGEL MICHAEL: Die Bänder dürfen erlöst werden, wenn die Menschen bereit dazu sind. Wenn alle Menschen erfahren, wie wichtig es ist, klar zu sein, bricht alles auf.

Wir können hier nicht gegen den Willen von Menschen arbeiten. Es geht um das Miteinander. Auch in eurer Beziehung geht es um das Miteinander, dass beide den Weg des anderen akzeptieren, dass beide den Weg des anderen achten und unterstützen.

Und je authentischer du wirst, je kraftvoller dein Leben ist, um so mehr kann erlöst werden in einer Beziehung. Doch es ist auch wichtig, den Partner aus seiner Angst zu erlösen. Und der freie Wille ist das Wichtige, dass ihr auf der Erde habt. Das zu respektieren, nicht zu verurteilen, zu achten. Auch wenn sich eine Partnerschaft trennt und Verletzung ihr erfahrt, trotzdem den Menschen zu achten.

Das ist Frieden und Frieden kann alle Bänder lösen. Alle.

Auch wenn sich Partner wegdrehen von dem was ihr tut, von dem was ihr lebt, so ist es wichtig, in die Kommunikation zu gehen, nicht zu verurteilen, in die Kommunikation und zu schauen: was darf erlöst werden, uns auch zur Hilfe bitten, denn wir können mehr tun als ihr denkt.

FRAGE: Viele Menschen leben ja auch alleine – ohne Partner. Einige haben dann auch Liebe mit sich selbst. Was entstehen da für Bänder, wenn sie sich ihren Wunschpartner dabei vorstellen und die Liebe nur einseitig ist. Und wie kann man sie dann lösen?

ERZENGEL MICHAEL: Es gibt viele Menschen, die von ihrem Wunschpartner abhängig sind durch die Sexualbänder. Durch die Gedanken, die sie den Menschen schicken, entstehen immer mehr Bänder. Und es geschieht eine Abhängigkeit durch diese Bänder. Und wenn dieser Wunsch nicht erfüllt wird, können Menschen in Depressionen fallen, in tiefe Trauer, in Schocks, weil sie sich da etwas aufbauen.

Auch hier ist es wichtig, dass die Menschen Frieden schließen mit sich, mit ihrem Körper, und dass sie die Vorstellung von ‚All-eins-sein' wieder erkennen, dass sie ihre Sexualität nutzen für ihre Kraft, für ihre Liebe zu sich selbst. Sie geben sonst ihre ganze Kraft ab an den Wunschpartner und verlieren sich.

Wenn sie in aller Klarheit mit sich selbst sind, mit sich in Liebe sind, dann brauchen sie sich gar nichts wünschen, dann kommt alles von alleine. Wenn sie dieses Gefühl von ‚All-eins-sein' haben, nicht von ‚All-eine', sondern ‚All-eins-sein', geschieht oft das Wunder von selbst.

FRAGE: Wie können Bänder zu geistigen Wesen aus dunklen Bereichen gelöst werden?

ERZENGEL MICHAEL: Indem du die Angst vor der Dunkelheit erlöst. Je klarer du wirst, desto leichter erfährst du das Leben, um so mehr kannst du in tiefe Ebenen eintauchen, in tiefe Ebenen des Lichts und der Liebe. Und die Klarheit verschafft dir Mut und Kraft.

Der Dunkelheit zu begegnen, bedeutet das Licht zu manifestieren.

In der Klarheit, die so wichtig ist, kannst du alles treffen und alles wird durch die Liebe transformiert.

Die dunklen Mächte wollen nicht abgeschoben werden. Sie wollen auch gelebt werden, anerkannt werden, dass sie erlöst sind. Schneidet sie nicht ab. Sie wollen Anerkennung wie eure Ahnen auch, dass sie da sind und dass sie mit aller Kraft geliebt werden. Das ist Erlösung.

FRAGE: Auf welche Weise unterstützt uns die neue weibliche Energie, die jetzt verstärkt zu uns strömt, im Leben von Beziehungen?

Das ist die erste Frage, und die zweite Frage ist, was kann ich persönlich tun, um die Energie der Göttin zu unterstützen, dass sie sich hier auf der Erde besser manifestieren kann?

ERZENGEL MICHAEL: Deine Liebe zu deinem Körper zu leben, deine Weichheit, deine Ekstase zu leben, und dann gibst du die Kraft dem Ganzen.

Diese neue Energie, die auf die Erde kommt, unterstützt euch in eurer Leichtigkeit, in eurem ‚Frau sein‘, euch zu manifestieren.

Stark und schwach, leicht und lebendig, diese Tiefe zu erfahren, und darum geht es, dieses Alte zu erlösen.

Die Kraft, die weibliche Intuition, die Liebe zu fühlen, anzunehmen und sie zu leben und auch diese

Unterdrückung mit Liebe zu transformieren. Diese Unterdrückung nutzen, um diese weibliche Kraft auf die Erde zu holen – zur Transformation.

FRAGE: Ich möchte noch mal auf die Frage mit den dunklen Kräften zurückkommen. Erst mal eine Verständnisfrage, ist mit dunklen Kräften z.B. Wut und Angst gemeint – also diese Energien?

ERZENGEL MICHAEL: Aggression, Wut, Gefühle, die auch da sein dürfen in einer Beziehung. Gefühle, die auch durch andere Menschen, durch Erfahrungen eure Partnerschaft beeinflussen.

FRAGE: Dann heißt das aber, wenn ich mir diese dunklen Kräfte so ansehe, wie eben beschrieben, dann gibt es sie eigentlich gar nicht. Das ist jetzt die Schlussfolgerung, die ich gerade hatte.

ERZENGEL MICHAEL: Wenn ihr Angst davor habt, dann gibt es sie. Wenn ihr in aller Klarheit sie ansprecht, ihnen den Raum gebt, dass sie gehen können, dann gibt es sie nicht.

Doch solange ihr Angst davor habt, dieser Dunkelheit von Wut, von Angst, von Ärger, zu begegnen, gibt es sie. Doch in der Liebe gibt es die Liebe. Ihr gebt ihnen die Kraft, wenn ihr euch fürchtet. Wenn ihr Klarheit habt, ist euer Herz offen. Und die ganze göttliche Kraft kann durch strömen. Die ganze göttliche Liebe kann euch von dieser Vorstellung befreien.

Doch je mehr ihr das Licht auf der Erde erfahrt, um so mehr kommen auch in euch Dinge ans Licht, die geheilt werden, die auch mit Aggression zu tun haben, mit Ängsten, mit Wut, mit gestauter Energie.

Wenn ihr die rauslasst und keine Angst davor habt, könnt ihr atmen auf der Erde, könnt ihr in Freiheit atmen und braucht nichts mehr vor euch zu verstecken, keine Maske anziehen. Euch zeigen, so wie ihr seid.

Das ist auch ein wichtiger Schritt in einer Beziehung. Euch so zu zeigen, wie es euch geht, wie ihr seid, dann braucht ihr keine Angst mehr zu haben, dass irgend etwas von euch entdeckt wird, was schlimm ist.

FRAGE: Ich hatte vorhin das Gefühl des Erkennens, dass meine Kreativität, also das schöpferische Sein oder Tun mit den Händen sehr stark geprägt ist von alten Bändern und dass das gerade in letzter Zeit Thema für mich war, das anzugehen – es zu verändern. Wie kann ich damit jetzt besser umgehen? Ich denke, es hat sich was gelöst.

ERZENGEL MICHAEL: Es wird sich noch viel mehr lösen. Ja, dass du aus deinem Herzen heraus handelst, dass du aus dir heraus handelst, dass du dich nicht mehr bremsen lässt von den Dingen und dass du den Mut hast, das, was dich bremst, auch in Liebe gehen zu lassen. Denn so kannst du dich fühlen und handeln aus deiner Kraft heraus, doch es braucht den Mut, das Alte zu erlösen.

Jeder Mensch ist einzigartig auf der Erde. Wir akzeptieren von jedem Menschen den freien Willen.

Doch je mehr Menschen sich dem Licht stellen, sich ihrer Erleuchtung stellen, ihrer Einheit, um so mehr Kraft bekommt die Erde, um so mehr Kraft bekommt der Kosmos. Und wenn alle Masken gefallen sind, durchströmt jede Zelle eures Körpers euch mit Liebe.

Lasst euch ein auf diese Reise und manifestiert eure Kraft.

Ihr seid das Licht,

ihr seid die Liebe,

ihr seid das Vertrauen.

Erzengel Michael ist alle Zeit mit euch.

Channeling zur Vogelgrippe

Channeling mit Franz von Assisi

FRANZ VON ASSISI: Meine geliebten Freunde, das Bewusstsein von Franz von Assisi ist mit euch, und ihr dürft an euch glauben.

Ihr dürft an die Erde glauben, und ihr dürft immer mehr uns wahrnehmen, uns spüren, doch was jetzt auf der Erde geschieht, braucht mehr und mehr Aufklärung, braucht ein Bewusstsein, was von Liebe durchdrungen ist, dass das Licht jedem Menschen wieder zugänglich gemacht wird und dass die Wahrheit, die Wahrheit von Liebe stärker ist als alles andere.

Ihr dürft euch fallen lassen in der Liebe, und diese Liebe verbindet euch miteinander mit allem, was lebt auf der Erde. So auch mit allen Wesen der Lüfte.

Und dass ihr eure Freiheit nicht beschneiden lasst, dass ihr euch fühlt in eurem Leben und dass ihr aufsteht und handelt, dass ihr diese Lüge nicht weiter hinnehmt, die euch vorgegaukelt wird.

Mit dieser Kraft, die ihr habt, diese Kraft der Liebe, die die Erde euch bringt, die die Erde euch schenkt, könntet ihr so dankbar sein, könntet euch fühlen, was es bedeutet, auf der Erde zu sein. Und wenn ihr euch fühlt, dann fühlt ihr die Erde, dann fühlt ihr jedes Lebewesen auf der Erde. Dann seid ihr verbunden mit allem. Und dann fühlt ihr, dass diese Grippe eine erfundene, verachtende Vorstellung ist, um Macht, Gier immer stärker werden zu lassen.

Die Tiere tragen für euch, die Erde trägt für euch, doch dass sie ausgeschaltet werden, das tragen sie nicht. Diese Informationen über diese Virusinfektion sollen euch wirklich aufstehen lassen, zu handeln und für die Liebe zu gehen.

Euch nicht mit der Angst zu verbinden, die so da ist und geschürt wird. In aller Freiheit euch auf der Erde begegnen. Wann immer ihr es tut, schickt die Liebesenergie zu den Vögeln, die sich opfern für euch.

Wie im Kleinen so im Großen. Es geht nicht mehr darum, still zu sein, für euch auf der Erde. Es geht darum: Fühlt es als Aufforderung, in Liebe zu handeln, allen Liebe zu schicken, die daran beteiligt sind, dass die Vögel getötet werden, um euch davon zu erzählen, dass es einen Virus gibt.

Es geht uns nicht darum, Ängste zu schüren. Es geht uns darum, Ängste offen zu legen, zu befreien und das, was dahinter steckt, zu erlösen, denn hinter jeder Angst ist das Gefühl von Nicht-Liebe, von Nicht-Akzeptanz, doch wenn ihr mehr und mehr in die Kraft der Liebe kommt, in eure Seelenkraft, könnt ihr Millionen Menschen aus der Angst befreien.

Was geschieht wirklich in diesem Zusammenhang, dass so viele Tiere jetzt getötet werden?

Zum einen entstehen diese Tötungen durch Frequenzen. Versuche. Gezielte HAARP-Frequenzen werden über diesem Landstrich ausgesendet. Die Tiere verenden daran. Sie verbrennen innerlich an der Strahlung. Es ist ein Krieg entstanden. Nicht mit Waffen, die ihr sonst kennt. Es sind die Strahlen, die die Tiere umbringen.

Und das ist die Vorbereitung, mehr und mehr die Angst zu schüren, dass sie diese Maschinen auch gegen Menschen einsetzen können. Doch das ist so wichtig, dass dieses Wissen endlich raus kommt, dass dieses wirklich an die Öffentlichkeit kommt.

Und wenn ihr einen Garten habt, dann stellt Wasser raus für die Vögel mit der Atomaren Elektrostrahlungs-Essenz[1]. Sie brauchen Schutz, auch für alle Tiere, für alle Menschen.

Jeder Mensch ist aufgefordert zu handeln, seine Kraft zu nutzen und dieser Vernichtung mit Liebe zu begegnen. Mit Liebe und mit der Kraft der Liebe. Was nutzt euch Hass? Der nutzt euch nichts, der lähmt euch. Doch Liebe fordert euch auf, etwas zu tun.

Und ihr habt so viele Möglichkeiten. Ihr habt so viele Möglichkeiten. Nutzt diese, und gebt dieses Wissen in die Welt, dass es sich hier um eine ganz starke Strahlungseinwirkung handelt, zum ersten Mal ausgesetzt, zum ersten Mal getestet, an vielen Lebewesen, die Vögel.

Und es ist wichtig, nicht in die Angst zu gehen, auch wenn Ängste kommen, sie durchfließen zu lassen, sie nicht wegzudrücken. Annehmen und zu wissen, dass alles ans Licht kommt. Alles.

Und so viele Menschen dürfen jetzt aufwachen mit dieser Kraft der Liebe. So viele Menschen dürfen sich jetzt entscheiden.

Alle Menschen dürfen sich jetzt entscheiden, diese Kraft der Liebe zu nutzen, und dass ihr euch wirklich traut an die Öffentlichkeit zu gehen und dass ihr euch traut zu handeln.

Dass ihr wirklich nicht klein seid. Wir haben euch im letzten Channeling mit eurer Seelenkraft verbunden[2]. Ihr alle tragt die Einweihung schon in euch, und das ist so wichtig, diese Kraft jetzt zu nutzen, damit ihr wirklich was tut.

Und ihr habt alle Kraft dazu. Lasst euch nicht lähmen von dem Wissen, das wir euch geben, lasst euch nicht lähmen, sondern geht raus damit, und fordert die Menschen heraus, dass sie sich mit etwas Neuem verbinden können. Aktiviert so oft ihr könnt bei den Menschen das Muktiala.[3]

Gibt es Fragen hierzu?

FRAGE: Ich würde gerne wissen, welche Menschen, welche Regierungen, welche Mächte hinter der Vogelgrippe stecken?

FRANZ VON ASSISI: Alle. Es geht darum, dass Europa zu mächtig wird für USA.

Die Vereinigung, die ihr vollzieht auf der Erde, und je mehr Länder sich verbinden, um so stärker wird auch die Kraft, wenn man sie in die richtige Richtung lenkt.

Schaut euch an, warum nicht andere Staaten auf der Erde, andere Plätze auf der Erde?

Es geht um die Macht. Und diese Macht gilt es mit Liebe zu erlösen.

:ht uns nicht darum, Schuldige zu benennen. Es geht
..... darum, euch aufzuzeigen, welches Spiel auf der Erde
gespielt wird. Es geht um die Weltmacht.

*FRAGE: Wir Menschen wissen jetzt, besonders hier in unserm
Kreis, dass wir mit Liebe alles transformieren können und dass
das eigentlich der Schlüssel zu allem ist, ...*

FRANZ VON ASSISI: Ja.

*FRAGE: ... aber auch uns selbst fällt es manchmal schwer bei sol-
chen Informationen, in der Liebe zu bleiben. Gibt es da ein
Mudra oder eine Affirmation für alle, dass uns das leichter fällt,
wieder in diese Liebes- oder Christusenergie zurückzukommen,
um damit auch besser arbeiten zu können oder Liebe zu schicken?*

FRANZ VON ASSISI: Wann immer ihr spürt, dass Wut
da ist, dass Ohnmacht da ist, ist es auch wichtig, sie da zu
lassen, sonst wird die Wut und die Ohnmacht immer
stärker, so wie es bei so vielen Menschen zur Zeit auf der
Erde ist.

Doch wenn ihr euch immer wieder bewusst werdet, dass
ihr die Kraft der Liebe selbst seid, seid ihr auch immer mit
der Liebe verbunden. Auch wenn sie in den Hintergrund
rückt für einige Gedanken, ihr seid mit der Liebe verbunden.

Und du kannst dir immer auch das zweite Herz Mukitala
aktivieren.

Leg dich jeden Morgen in den Heilkreis⁴ und legt euch die ganzen Medienberichte, die aufgebaut werden, legt sie alle in den Heilkreis1, dass sich das verändert.

FRAGE: Wir haben das Anandara-Symbol ⁵bekommen, um die Erde, die Tiere, die Pflanzen zu schützen vor den Chemtrails. Gibt es auch ein Symbol aus der geistigen Welt zum Schutz vor den HAARP-Strahlen?

FRANZ VON ASSISI: Nehmt es auch. Nehmt es, es hat auch dieselbe Wirkung bei den HAARP-Strahlen. Nehmt es. Es ist ganz wichtig.

FRAGE: Können wir die Vögel schützen oder ihnen Kräfte schicken, indem wir Bilder von Vögeln in den Heilkreis legen? Und auch die Menschen dazu, die Bevölkerung?

FRANZ VON ASSISI: Ja. Das ist wundervoll möglich, dass ihr wirklich diese Kraft nutzt, die ihr alle bekommt, um die Angst zu transformieren, um die Liebe zu bündeln und wirklich den Tieren, den Vögeln Liebe zu schicken.

Die Chemtrails halten ihre Wirkung nicht. Jetzt darf die zweite Instanz folgen. Das ist wichtig. Das ist die wichtigste Information, die wir euch geben.

Und schützt auch eure Kinder vor der Angst. Legt ihnen das Anandara-Symbol in die Schultaschen, dass es strahlt im Raum. Es ist so wichtig, auch diesen zweiten Schritt abzuwehren mit Liebe, mit der Gedankenkraft, mit der Kraft der Symbole, mit dem Heilkreis, mit dem Anandara-Symbol. Und vor allem auch mit Liebe.

Und es ist ganz wichtig, dass diese Information, die wir euch heute geben, in die Welt geht, dass sie in viele viele Sprachen – diese Durchsage von Franz von Assisi – übersetzt wird. In viele viele Sprachen.

FRAGE: Wird diese fingierte Grippe von den Vögeln auch auf andere Tiere ausgebreitet? Dass es heißt, sie haben jetzt auch die anderen Tiere angesteckt?

FRANZ VON ASSISI: Diese Frequenzen, die das HAARP-Projekt aussendet, sind ganz bestimmte Frequenzen, die in dieser Zeit auf Vögel übertragen werden. Es ist eine Erpressung im Gange. Eine Erpressung, die man mit Impfstoffen auszahlt. Wie viel Vögel? Soviel Impfstoffe. Es ist eine Erpressung, die dort geschieht. Und diese Frequenzen lassen sich ausweiten auf viele verschiedene Tierarten. Das bedeutet: ‚Nimmst du nicht den Impfstoff, breitet sich die Welle aus.‘

ANTWORT: Du hast gesagt: die Chemtrails halten sich nicht mehr. Ich finde, das ist ein Sieg für die Liebe. Und es hat mir sehr viel Mut gemacht, dass wir auch dieses hier überstehen werden.

FRANZ VON ASSISI: Ja, ihr werdet es überstehen. Es ist nur wichtig, dass so viele viele Millionen von Menschen diese Information, die wir heute erstmalig der Erde geben, auch erfahren. Und ihr seid alle aufgerufen, dieses Wissen zu verbreiten – alle, denn damit könnt ihr verhindern, dass noch viel mehr Tiere sich opfern für die Macht und geopfert werden für die Macht.

FRAGE: Wie ist es mit dem Wissenschaftlern, die in den Laboreinrichtungen arbeiten? Werden sie unter Druck gesetzt? Oder werden sie getäuscht?

FRANZ VON ASSISI: Sie werden unter Druck gesetzt. Sie werden sehr stark unter Druck gesetzt. Das bedeutet: keinen Impfstoff zu kaufen, bedeutet viel mehr Tiere. Der Kreislauf wird unterbrochen. Deshalb wird da so ein Druck gemacht. So eine tiefe Ignoranz auch.

Doch diese Tiere, die in den einzelnen Ländern zu Tode gekommen sind, sind durch Frequenzen gestorben und ins Licht gegangen. Um die Frequenzen auch zu stoppen, ist es wichtig, mit der Heilschwingungszahl 999 die Erde zu bestrahlen.

FRAGE: Ich würde gerne wissen, an welchen Stellen der Erde diese HAARP-Maschinen stehen, weil dann kann man ja auch gezielt mit diesen Stellen arbeiten?

FRANZ VON ASSISI: Das Wichtige ist, dass ihr euch nicht auf diese zwölf Maschinen beschränkt, sondern dass global, weltweit, die Strahlung aufgehoben wird durch die 999.

Und dass das Wissen durch diese Zahl 999 endlich frei wird. Es geht viel mehr darum, dass die Menschen erfahren über die HAARP-Strahlen, über den Hintergrund dieses Krieges, der da entsteht. Das ist wichtig, dass ihr alle das liebevoll weitergebt, denn so könnt ihr was bewegen. So könnt ihr wirklich zusammen was bewegen.

FRAGE: Du sagtest, wir sollten die Erde bestrahlen mit der 999. Wie sieht die praktische Anwendung der Heilschwingungszahl aus?

FRANZ VON ASSISI: Du meinst, wie ihr das tun könnt?

ANTWORT: Ja.

FRANZ VON ASSISI: Indem ihr die Erdkugel auf die Zahlenkombination 999 stellt, indem ihr die Erde bewellt mit 999, indem ihr Bilder von eurem wundervollen Planeten auf die Zahlenkombination 999 stellt und legt.

FRAGE: Lieber Franz von Assisi. Diese machtgierigen Drahtzieher, sind es die Illuminaten? Oder ich möchte sie lieber Pseudo-Illuminaten nennen, die sich dieses Szenario ausgedacht haben?

Wie haben sie sich denn ausgedacht, wie sie sich selbst vor diesen Giften, wie den Chemtrails, dem HAARP-Projekt, den Scancodes, dem Genfood schützen? Wie wollen sie selber all dem entgehen?

FRANZ VON ASSISI: Es geht hier um Gier, um Macht. Um die Macht des Geldes. Alle, die damit involviert sind, die diese ganzen Vernichtungstheorien aufstellen, haben selbst keine Angst davor auch selbst betroffen zu sein. Durch diese Macht, durch die Gier, haben sie sich völlig vergessen. Sie schützen sich nicht. Sie machen sich gar keine Gedanken darüber. Und das Wichtige ist, dass sie immer eine Regierung brauchen, die ausführt, dass sie immer Menschen brauchen, die das ausführen, dass sie selbst nie die Ausführenden sind.

FRAGE: Kannst du uns etwas sagen zu den Impfstoffen, die zum einen für die Vögel angedacht sind, aber eventuell auch für die Menschen?

FRANZ VON ASSISI: Wenn es einem Land schlecht geht auf der Erde – so ist es in der alten Theorie – braucht es einen Krieg oder eine Krankheit: Länder entscheiden sich für Krieg, um es zu unterdrücken, um wieder in die angebliche Kraft zu kommen, andere Länder entscheiden sich dafür, Menschen zu erlösen durch Epidemien, durch Krankheit, durch Impfen.

So ist es wichtig, dass ihr euch frei davon macht, dass ihr keine Angst bekommt davor, dass ihr euch wirklich erlöst, aufsteht und euer Leben, eure Erde wieder selbst in die Hand nehmt. Ihr habt so viel Verantwortung abgegeben.

Doch jetzt ist die Zeit gekommen für euch auf der Erde, für euer Leben zu handeln, für eure Erde und für eure

Natur zu handeln und endlich das zu erlösen. In eure Verantwortung zu gehen für die Erde, für jedes Lebewesen, für eure Kinder. Dass ihr wieder wisst, warum ihr geboren seid, dass ihr wieder wisst, warum ihr da seid auf der Erde und dass ihr euch für das Leben einsetzt. Für das Leben, für das Leben auf der Erde.

FRAGE: Ich habe seit einigen Jahren, immer wenn ich in der Öffentlichkeit bin – egal wo – in Cafes, in Restaurants, im Supermarkt, in Zügen, wo auch immer, so ein Gefühl. Wenn ich sehe, dass die Menschen rauchen und Fleisch essen und das Herz zu ist, dann tut mir das weh. Jetzt wollte ich die geistige Welt fragen, ob ihr Lust habt, durch meine Augen zu wirken, sodass, wenn ich diese Menschen angucke, und die Bitte an die geistige Welt gebe zu wirken, die Liebe dann bei ihnen wirkt.

FRANZ VON ASSISI: Das Allerwichtigste ist, dass sie es auch zulassen, dass sie es auch wollen, dass sie es auch wirklich annehmen.

Wenn du dich mit deinem Herzen verbindest, in der Liebe bist, mit dir, dann strahlst du diese göttliche Liebe durch dein Herz, durch deine Augen, durch jede Pore deines Körpers. Tu es.

Verbinde dich mit deinem Herzen, wann immer du fühlst, die Herzen sind verschlossen, dann verbinde dich mit deinem Herzen und lass dein Herz den ganzen Raum ausfüllen.

Dann geschieht so viel Heilung. Dann geschieht so viel Liebe. Und die Menschen können es annehmen, brauchen es nicht annehmen, sind einfach da.

So viele Menschen sind auf der Erde zur Zeit so dicht, so dicht verbunden mit der Materie, durch diese Süchte wie Angst vor der Freiheit, durch Nahrungsmittel, durch die Ernährung.

Mit dem offenen Herzen kannst du die Dinge erlösen. Mit der Liebe können die Menschen spüren, da gibt es etwas, was sie auch alle in sich tragen. Alle.

Nehmt das Wissen an, dass wir euch gegeben haben in dieser Zeit auf der Erde. Verbreitet es, damit die Angst erlöst wird, dass diese Aktion, wie die Chemtrails, mit Liebe erlöst wird. Mit Liebe.

Ihr seid das Licht. Ihr seid die Kraft der Liebe auf der Erde und ihr seid die Umsetzung der Liebe auf der Erde.

Das Bewusstsein von Franz von Assisi ist mit euch.

Lasst das Leben wieder in euch und auf der Erde aktiv sein.

Erleuchtung und Erleuchtungsebenen

Heilsein mit dem zweiten Herzen

Die Einweihungen dieses Kapitels können bei dir Prozesse in Gang setzen. Gehe daher liebevoll mit dir um. Entscheide dich bewusst für die Einweihungen, bevor du mit dem Lesen dieses Kapitels beginnst.   Natara

Channeling mit Erzengel Michael

ERZENGEL MICHAEL: Meine geliebten Kinder des Lichts, das Bewusstsein von Erzengel Michael ist mit euch.

Es ist so wundervoll, dass ihr da seid, dass ihr das Licht auf der Erde manifestiert, eure Schönheit stärker werden lasst.

Und die Tiefe in eurem Herzen ist der Weg. Einheit, Vertrauen und das Erkennen, dass euer Leben auf der Erde eines der größten Entwicklungsfelder der Seele ist.

Und dass ihr euch mehr und mehr immer tiefer in euer Herz fallen lasst, dass ihr eure eigene Vision des Herzens lebt, dass ihr spürt, welche Qualität es ist, auf der Erde zu sein, diese Kraft zu spüren, die euer Körper erfährt.

Die Seele manifestiert sich im Körper. Die Seele materialisiert sich im Körper. Und euer Körper ist ein Phänomen des Kosmos, ein Phänomen der Erde, denn alles ist durch Liebe entstanden. Jede Zelle eures Körpers kommuniziert mit der anderen Zelle in Liebe.

Jede Zelle kommuniziert mit Licht und dass ihr das wieder erfahrt, dass ihr alle Tausende, Millionen von Lichtbahnen in euch tragt.

Es ist so wichtig, eure Vorstellung vom Leben zu verändern. Leben bedeutet nicht Geld. Leben bedeutet nicht Sexualität. Leben bedeutet Liebe und diese Liebe könnt ihr auf der Erde erfahren. Könnt ihr in euch erfahren – in jedem Atemzug erfahren, dass ihr wirklich getragen seid.

Und diese Kommunikation zwischen den Zellen ist so wichtig. So wichtig wie euer Herz, das schlägt – immer für euch. Diese Kommunikation der Zellen ist auch die Kommunikation zwischen eurer Seele und den Zellen.

Und es ist von so großer Wichtigkeit, dass ihr frei werdet von Schmerzen, dass ihr frei werdet von tiefen Schocks, dass ihr frei werdet von Ängsten, die es verhindern, dass die Zellen miteinander kommunizieren.

Wenn ihr eure Mitte lebt, verbunden mit eurem Herzen, verbunden mit eurer Lebensvision, und die Freiheit, in die wir euch eingeweiht haben, wirklich erfahrt, können die Zellen alle wieder miteinander kommunizieren. Denn das ist so wichtig. Warum entstehen so viele Geschwüre, Viren, Bakterien? Weil die Zellen die Lichtfrequenz nicht mehr haben. Weil die Kommunikation durch Schocks unterbrochen ist.

Und all das kann geheilt werden mit der Liebe. All das kann gelöst werden mit der Kraft eures Herzens, mit eurer Lebensvision verbunden. Denn es geht darum, Verantwortung in eurem Leben zu manifestieren, die große Kraft in eurem Leben zu manifestieren und die Freiheit, authentisch in jedem Atemzug zu handeln, authentisch in jedem Atemzug zu sein. Das ist so wichtig für euch auf der Erde.

Und dieses Ablehnen der Gefühle, Ablehnen von Schmerzen, kann euch nicht zur Befreiung führen. Das Leben annehmen – authentisch, bedeutet die ganze Kraft, die ihr in euch tragt, zu erfahren, dass ihr euch annehmt mit allem, was da ist, und dass ihr wirklich ankommt auf der Erde.

Spürt hinein, was in euch geschieht, wenn die Zellen wieder miteinander kommunizieren, wenn wieder Leben in jede Zelle kommt, was jetzt in diesem Augenblick geschieht. Wenn jede Zelle durchflutet wird, mit dem Frieden, mit der Klarheit.

Erzengel Michael und allen Wesen aus der geistigen Welt geht es darum, dass alles in Einklang ist, dass jedes Lebewesen wieder in die Kraft kommt – in die Lebenskraft, dass jedes Lebewesen die innere Stimme hört, und heil ist, und alle Ängste erlöst werden – in diesem Heil-Sein, alle Süchte erlöst werden in diesem Heil-Sein.

Denn die Kraft eurer Seele ist so stark, dass sie in jedem Atemzug die Liebe in jeder Zelle aktivieren kann, wenn ihr es zulasst, wenn ihr es annehmen könnt.

Denn Heil-Sein bedeutet die Vereinigung vom Kosmos und der Erde. Die Seele und der Körper werden eins. Das bedeutet Heil-Sein.

Und dieses Heil-Sein bedeutet Freiheit. Dieses Heil-Sein bedeutet, dass jede Zelle in eurem Körper kommuniziert, und dieses Heil-Sein macht euch bewusst, dass ihr in jedem Atemzug authentisch handelt, dass ihr in jedem Atemzug authentisch seid, denn mit der Reise zu euch selbst könnt ihr nur noch authentisch sein, und darum geht es.

Je stärker ihr in diese Kraft des Heil-Seins kommt, so wie ihr sie jetzt in diesem Augenblick erfahrt, desto mehr könnt ihr manifestieren in eurem Leben und die Kraft nutzen, die euch zuteil wird für die Heilung der Erde, und das Licht, das so stark wird, durch euch fließen lassen.

Mit dem Heil-Sein entsteht eine Stille in euren Gedanken. Eine Ruhe tritt ein. Denn die größten Hindernisse, dass Zellen nicht kommunizieren, sind eure Gedanken. Sie anzunehmen und in dem Heil-Sein zu integrieren, bedeutet, dass die Gedanken immer weniger werden, dass der Verstand die Kraft des Herzens nutzt und nicht die Kraft der Angst.

Das ist auch Heil-Sein in euch. Es ist wichtig, diese Vorbereitung mit euch zu machen, denn es geht um die Erleuchtungsstufen, und dazu ist es wichtig, diese Kraft von Heil-Sein zu erfahren. Die Liebe, die unermessliche Liebe zu erfahren, die in euch ist, und anzunehmen, bedeutet Heilung, alles anzunehmen.

Gibt es Fragen, die ihr habt?

FRAGE: Ich bin so dankbar, dass ich hier in der Gruppe sein darf, und ich bin Erzengel Michael sehr dankbar, dass er heute dieses Thema anspricht: die Kommunikation der Zellen.

Als Arzt sehe ich häufig Menschen, die mit Tumoren kommen, und gerade heute war zum ersten Mal eine Patientin in meiner Praxis. Sie hat einen Tumor im Hals – schon seit einem Jahr. Er wächst sehr sehr langsam und sie hat furchtbare Angst, in die Klinik zu gehen, und ich durfte ihre Angst fühlen und mich in ihre Verfassung hineinversetzen.

Meine Erfahrung mit der klinischen Medizin ist die, dass die Patienten nach einer Tumorbehandlung zwar ihr Leben behalten, aber sie kommen enorm geschwächt aus dieser Behandlung heraus. Und diese Patientin hat es irgendwie gespürt. Bisher habe ich mich in meiner ärztlichen Tätigkeit noch nicht getraut, Tumoren zu behandeln, und heute war das erste Mal, dass ich einfach gefühlt habe: Was geht in diesem Menschen vor? Wie kann ich ihm helfen, die Angst aufzulösen? Und sie hat mir gegenüber auch sehr deutlich zum Ausdruck gebracht, dass ihre Angst in dem Tumor sitzt.

In unseren Heilerseminaren haben wir Mantren bekommen, um Tumoren zu behandeln, und ich habe mit diesem Mantra das erste Mal gearbeitet heute. Ich habe das Mantra rezitiert – laut. Die Patientin fing herzzerreißend an zu weinen und fühlte eine große große Erleichterung, und ich hatte das Gefühl: Es war gut, einfach den Mut aufzubringen und sie nicht sofort in die Klinik zu schicken.

Weil der Tumor sehr langsam wächst, habe ich ihr gesagt: ‚Wir haben noch etwas Zeit. Wenn Sie es wünschen, behandeln wir, solange Ihr Zustand es erlaubt, mit der Medizin der neuen Zeit.' Und es war eine wunderschöne Erfahrung für sie und für mich. Und ich möchte einfach Erzengel Michael um seinen Segen bitten, dass ich weiter in dieser Richtung arbeiten darf – mit ihr.

ERZENGEL MICHAEL: So viele Menschen, die zur Zeit bei euch auf der Erde an Tumoren erwachen. Durch diese Ängste vor der Vergangenheit, vor der Zukunft, durch Schocks, entstehen Schwächen, und dadurch können die Zellen immer weniger miteinander kommunizieren.

Wenn die Zellen immer weniger kommunizieren, entsteht ein Ungleichgewicht. Dieses Ungleichgewicht will der Körper ausgleichen mit einer Zellansammlung. Ihr nennt es ‚Tumor‘ – diese Zellansammlung.

Doch der Körper will alles tun, um dort das Licht wieder hinzubringen in diesen Schock. Damit die Zellen wieder kommunizieren. So entsteht ein ‚Tumor‘ – in eurer Sprache.

Der Körper versucht, diesen Schock mit Zellansammlungen wieder aufzulösen.

Deshalb ist es so wichtig, immer, zu allen anderen Therapien, die es bei euch auf der Erde gibt für Tumore, für Krebs, die Ursache dieses Konfliktes herauszufinden, damit sich die Zellen wieder verteilen können im Körper.

Deshalb ist es so wichtig auch, bevor man operiert bei euch auf der Erde mit dieser Zellenansammlung, mit dieser Zellveränderung zu kommunizieren, damit die Zellen das Wissen euch wieder geben, warum sie sich angesammelt haben, was da drinnen steckt für ein unverarbeiteter Schock, für ein unverarbeitetes Trauma.

Lichtfrequenzen sind so wichtig für eure Zellen. Und es geht darum, dass sich die Menschen, die Krebse, Tumore, ein Bakterium oder einen Virus in sich haben, sich auf der Erde völlig frei bewegen, sich auf der Erde wohlfühlen, um diesen Prozess zu erlösen, dann entsteht Heilung für die Erde, für den Kosmos, für den Körper, für die Seele.

FRAGE: Für die meisten Menschen ist es sehr schwierig, an ihre Angst überhaupt heran zu kommen. Sie kennen den Namen nicht ihrer Angst. Sie ist irgendwann entstanden in der Kindheit, durch ein Trauma.

Wir als begleitende Menschen führen zurück in diese Zeit. Aber selbst dann ist es für den erlebenden Menschen schwierig, diese Angst anzunehmen. Wird es für uns als begleitende Menschen einfacher, sie zurückzuführen?

ERZENGEL MICHAEL: Viel einfacher. Es geht darum, den Menschen zu zeigen, dass die Kraft dieser Krankheit, dass dieser Zustand von tiefer Transformation ein Leben manifestieren kann, das frei ist von Ängsten, das frei ist von Schuld.

Das ist das Wichtige. Die erste Stufe, die Angst zu nehmen, bedeutet frei sein von Schuld, denn beides wird erzeugt durch Erfahrung, durch die Erlebnisse. Und wenn die Schuld geht, seid ihr so offen, dass alle Ängste sich zeigen und erlöst werden.

FRAGE: Wenn wir bei der Schuld angekommen sind, reicht es dann, für uns, als begleitende Menschen, dass wir die geistige Welt darum bitten, diese Schuld aufzulösen?

Oder ist es wichtig, dass diese Schuld einen Namen bekommt und dann aufgelöst wird durch die geistige Welt?

ERZENGEL MICHAEL: Es ist wichtig, dass diese Schuld ausgedrückt wird – durch ein Bild.

Die Menschen sollen zeichnen, dass sie das sehen, was da kommt. Um wirklich diese Schuld zu erlösen, darf sich der Mensch trauen, diese Schuld auszudrücken. Indem er sie malt, manifestiert auf ein Bild und es verbrennt.

Und dann geht es darum, alle Ängste, die kommen, loszulassen. Alle Ängste, die kommen, zu erlösen, sie anzunehmen.

Die Tränen, die oft nicht geweint wurden, rauszulassen.

Die Trauer, die oft nicht gelebt wurde, zu erfahren, damit die Zellen diese Ansammlung wieder erlösen können, dass sie wieder frei kommunizieren können – die Zellen.

Und wenn ihr dieses auflöst, erlöst du diesen Tumor, diesen Krebs oder wie ihr es nennt auf der Erde. Wirklich den Ängsten in die Augen schauen, mit Liebe, mit aller Authentizität.

FRAGE: Kannst du uns bitte etwas über das zweite Herz sagen und den Kreislauf, der damit verbunden ist und die Bedeutung, die es hat, das Licht in die Zellen zu bringen?

ERZENGEL MICHAEL: Das zweite Herz ist mit allen Meridianen verbunden. Das zweite Herz, Muktiala, sitzt in der Hypophyse und hat immer die Verbindung zu dem anderen Herzen in eurem Brustkorb.

Das zweite Herz reguliert über die Hypophyse die Hormone. Es gibt die Impulse weiter für das Herz, zu schlagen. Es aktiviert euren Lebensfluss, und es ist in einem ständigen Kontakt mit eurer Seele. Es wird bei euch gerade wieder aktiviert, denn bei vielen vielen Menschen ist es nicht mehr aktiviert.

FRAGE: Kannst du bitte noch etwas sagen, über die Richtungen der Lichtkommunikation im Körper, über die Senkrechte, die Waagerechte, die Diagonale?

ERZENGEL MICHAEL: So wie alle Chakren kommunizieren, kommunizieren auch die Zellen. Jede Zelle kann kommunizieren. Und die Kommunikationsstelle ist das Herz.

Über das Herz wird alles empfangen und alles gesendet, und das ist so wichtig.

Über das Herz ist die Kommunikation möglich. Dadurch, dass bei so vielen Menschen dieses zweite Herz schläft, fallen viele Menschen in Depression, bleiben viele Menschen in Herzinfarkten, weil die Angst stärker ist, weil kein Ausweg mehr da ist. Dann entsteht Herzinfarkt. Doch wenn das zweite Herz, wie bei euch jetzt, aktiviert ist, werdet ihr spüren, wie viel mehr Lebenskraft da ist, wie viel mehr Liebe da ist und Leichtigkeit, und auch ein neues Sehen wird sich einstellen – mit euren Augen anders zu sehen.

FRAGE: Lieber Erzengel Michael, du hast gerade ‚sehen‘ erwähnt. Ich trage eine Brille und habe schon so oft darum gebeten, dass meine Augen – meine Sehschärfe – in beiden Richtungen, sich wieder normalisiert.

Auch mit Augenübungen ist es mir nicht gelungen. Warum verkrampft sich mein Sehen, wo ich doch so bemüht bin, auch wirklich nach innen sehen zu wollen?

ERZENGEL MICHAEL: Es geht im Kollektivbewusstsein darum, eure Kraft der Liebe zu nutzen, nach Innen zu schauen. Viele Menschen erfahren zur Zeit eine Sehverschlechterung bei euch auf der Erde. Das manifestiert sich durch die hohe Energie, die euch immer wieder zeigt: nach ihnen zu schauen.

Es wird sich in den nächsten Jahren bei euch auf der Erde wieder verändern. Nimm es an, und lass es geschehen und tu dein Leben aus deinem Inneren heraus leben. Mühe kostet Kraft, Tun kostet keine Kraft. Deshalb lass es geschehen, entspanne dich und leb deine Kraft aus deinem Herzen und alles verändert sich. Alles.

FRAGE: Meine erste Frage ist: Bei den Lesern des Buches, wird bei den Lesern jetzt auch das Hypophysenherz geöffnet, wenn sie es zulassen?

ERZENGEL MICHAEL: Ja, es wird auch geöffnet. Wir haben es so stark manifestiert, dass es auch bei allen Menschen geöffnet wird. Ja.

FRAGE: Danke. Meine zweite Frage lautet: Die Zeichentechnik, die du uns eben durchgegeben hast, ist die auch anzuwenden bei Ängsten und Kodierungen, die schon Jahrhunderte oder Jahrtausende zurückliegen? Oder sind da besondere Dekodierungsmaßnahmen nötig?

ERZENGEL MICHAEL: Nein, das ist diese Dekodierung.

FRAGE: Gibt es für uns als Heiler eine Technik, das zweite Herz bei einem Patienten wieder zu aktivieren?

ERZENGEL MICHAEL: Öffnet eure Handchakren.

ANMERKUNG: Eine längere Pause entsteht, während Erzengel Michael an unseren Handchakren arbeitet.

Wenn du magst, öffne auch du deine Handchakren, so dass du bereit bist für die Arbeit, die Erzengel Michael an deinen Handchakren vornehmen wird.

Wann immer ihr andere Menschen mit eurem Handchakra am dritten Auge berührt, wird das zweite Herz aktiviert. Und auch diese Menschen, die ihr berührt, wenn sie andere Menschen berühren mit ihrem Handchakra am dritten Auge, wird es aktiviert. Damit es sich ganz schnell verbreitet.

Spürt die Kraft, die aus euren Händen fließt. Das ist Heil-Sein. So was kann jeder Mensch, jedes Lebewesen erfahren.

Tragt diese Liebe in die Welt.

Seid präsent in jedem Atemzug mit euch selbst, mit der Liebe, die in eurem Herzen wohnt. Lebt diese Liebe authentisch und klar.

Erzengel Michael ist alle Zeit mit euch.

Beginnt jetzt schon, allen Menschen dieses Geschenk zu überbringen.

Erleuchtung und Erleuchtungsebenen

Neun Stufen, Erfahrungen, Wege, Bewusstseinsebenen der Erleuchtung

Channeling mit Erzengel Michael

ERZENGEL MICHAEL: Meine geliebten Kinder des Lichts, das Bewusstsein von Erzengel Michael ist mit euch und grüßt die Klarheit, die Liebe und das Verständnis in eurem Herzen. Es ist so wundervoll, euer Leuchten zu erfahren. Es ist so wundervoll, wie der Nebel schwindet und wie die Klarheit euch immer neue Wege aufzeigt immer mehr, immer stärker und immer klarer.

Alles ist durch Licht verbunden. Jede Kommunikation, jede Zelle ist durch Licht verbunden und deshalb ist es so wichtig, eure Kraft zu leben, eure Kraft der Kommunikation, eure Kraft der Liebe, eure Kraft der Freiheit, denn euer Leben kann so kraftvoll sein, wenn ihr euch darauf einlasst. Dass ihr euch alles anschaut, was euch begegnet, dass ihr wirklich mit allem in eurem Leben Frieden schließt – mit allem. Denn dann entsteht eine tiefe Kommunikation mit dem Universum. Und dann entsteht eine tiefe Kommunikation mit eurem Herzen.

Und je mehr ihr Frieden schließt mit eurem Leben, mit dem, was geschieht mit eurem Planeten Erde, um so mehr helft ihr dem Planeten Erde – wenn ihr Frieden schließt.

So viel Erneuerung kommt auf die Erde. So viel altes Wissen wird wieder frei für euch. In dieser Zeit – für euch auf die Erde – kommt immer mehr die Wichtigkeit von Liebe und vom Leben. Lasst eure Kraft nicht länger stehen. Nutzt sie und lebt eure Freiheit des Herzens. Es ist so wichtig für euch, eure Tiefe zu erfahren, eure Schönheit zu erfahren, eure Glückseligkeit zu erfahren.

Alles das geschieht, wenn ihr Frieden schließt mit euch, mit dem Leben, mit eurem Umfeld, mit jedem Politiker, mit allem Frieden schließen.

Das ist die Essenz eures Herzens und wenn ihr diese lebt, habt ihr alle Kraft, etwas zu verändern auf der Erde, in eurem Leben, in eurem Umfeld. Mit Angst könnt ihr wenig verändern, mit Liebe und mit Vertrauen in euch selbst könnt ihr alles verändern.

Und diese Begegnung mit eurem zweiten Herzen bringt euch in die Kraft der Liebe, in eure Lebenskraft, und lässt keine anderen Wege mehr zu, außer den Weg des Herzens zu gehen.

Und aus dieser tiefen Liebe zu euch selbst könnt ihr diese Kraft eures Herzens annehmen.

Gibt es Fragen, die ihr habt?

FRAGE: Das ist für uns eine ganz neue Information, dass alle Zellbildungen, für uns sichtbar auf der Haut, als Muttermal oder als Geschwüre, als Tumoren, ein Zeichen sind, dass sich dort Lichtzellen ansammeln, um den Körper zu heilen. Dieser Gedanke ist wundervoll, führt mich aber noch nicht zu einer brauchbaren Anleitung, wie ich mit so einem Tumor umgehen kann. Oder wie kann ich einem Klienten helfen, der so einen Tumor hat?

ERZENGEL MICHAEL: Du berührst mit deinem Handchakra genau die Stelle, wo der Tumor sitzt. Und der Tumor wird mit dir in Kontakt treten. Er wird mit dir kommunizieren. Er wird dir auch sagen, was er braucht, um erlöst zu werden. Das Wichtige ist, direkt rein zu gehen, und durch die Lichtverbindung aus deinem Handchakra kannst du wahrnehmen und spüren und erfahren, dass der Tumor gekommen ist, um eine Bewusstwerdung zu erfahren, um einen Knoten zu lösen, um einen Schock sichtbar zu machen, um einen Lebenskampf zu erlösen. Und der Tumor kann dir ganz genau sagen, was gebraucht wird, dass die Zellen wieder kommunizieren können, dass die Zellen wieder erfahren können, dass sie leben, dass diese unterdrückte Lebenskraft wieder fließen darf.

FRAGE: Ich kann mir vorstellen, dass die Leser jetzt verunsichert sind. Auf der einen Seite so eine wunderbare Neuigkeit, auf der anderen Seite der Druck der Schulmedizin. Und der Druck: Wie entscheide ich mich jetzt? Behandle ich mich jetzt schulmedizinisch? Vertraue ich auf die geistige Welt und warte noch mit der schulmedizinischen Behandlung? Führe ich beides fort? Ich glaube, dass jetzt eine große Unruhe in den Lesern zu spüren ist.

ERZENGEL MICHAEL: Unruhe bedeutet, sie werden mit ihrer Angst konfrontiert. Das Wichtige ist, das, wofür ihr euch entscheidet, auch ganz zu tun. Viele Menschen entscheiden sich für den Weg, chemische Substanzen einzunehmen, dass der Tumor sich verändert. Es ist allein die Überzeugung eines Menschen, ob er die Kraft hat, die Ursache zu lösen oder nicht.

Es geht auch darum, euch die Angst zu nehmen, dass es nicht bedeutet, Tumor und Krebs ist gleich Tod. Dass es ein Hinweis ist auf Veränderung, dass es ein Hinweis ist auf Transformation.

Wie sich der Mensch entscheidet, spielt gar keine Rolle. Wenn er daran glaubt, wenn er es fühlt, dass ihm Medikamente helfen, dass ihm Geistheilung hilft, dass ihm Homöopathie hilft, dann kann sich der Tumor wieder auflösen.

Doch so viele Menschen glauben nicht daran, weil sie an das Gesetz glauben, dass Krebs, Tumore, Aids Tod bedeuten. Doch wenn du wirklich in tiefer Liebe, in tiefem Frieden mit dir bist, kannst du dahinter schauen, was dich nicht leben lässt, was dich verkrampft.

Es kommen immer mehr neue Techniken, die für euch da sind, um euch die Angst zu nehmen, denn die Angst blockiert alles.

Alles blockiert die Angst.

Egal, ob Medikamente, ob Geistheilung, die Angst blockiert es. Und das ist das Wichtige, dass euch bewusst wird, dass die Ängste erlöst werden dürfen, dass die Ängste in Liebe angenommen werden dürfen – das ist der Weg. Auch wenn jetzt viele Menschen ihre Angst spüren.

Diese zu fühlen, diese zu erkennen ist Heilung – ist Transformation.

FRAGE: Wenn ich mal eine Situation aus dem Alltag nehme: Es kommt eine Klientin zu mir, die einen Tumor hat.

Der Mensch lernt aus Erfahrung. Wir haben diese Erfahrung in Jahrzehnten gemacht, dass diese Krankheit meistens zum Tod führt. Jetzt kann ich versuchen diesen Schock zu lösen, kann vielleicht hinter diesen Schock schauen, aber der Patient braucht schnell eine Bestätigung von der Wirkung. Haben wir die Möglichkeit Signale zu setzen, dass dieser Mensch an dieser Heilmethode Gefallen findet und weitermacht? Es ist ja ein Prozess, der eigentlich nicht von heute auf morgen aufzulösen ist.

ERZENGEL MICHAEL: Mit der richtigen Präsenz. Wenn du einen Virus, ein Bakterium, einen Tumor mit deinem Handchakra berührst mit totaler Absichtslosigkeit, voller Liebe, voller Vertrauen, kann sich alles zurückziehen.

Das ist ein Denkmuster in eurem Kopf. Wenn ihr völlig absichtslos euer Handchakra auf die Stelle legt, auf das Blut legt, auf den Virus legt, könnt ihr innerhalb einer Sekunde einen Tumor verkleinern. Glaubt an eure Kraft, die ihr habt. Glaubt an eure Vision. Es ist möglich.

Es spielen doch auch noch andere Faktoren eine Rolle. Inwieweit Organe betroffen sind, denn ab einem bestimmten Stadium sind auch Organe nicht mehr regenerierbar. Inwieweit die Seele sich entschieden hat, diesen Weg des Austritts zu wählen.

Deshalb versteift euch nicht auf die Heilung, sondern absichtslos, in totaler Hingabe und Liebe, kann alles geschehen, alles. Alles – und das ist das Wichtige.

FRAGE: Was genau geschieht im Körper, wenn diese Ansammlungen heraus operiert werden? Damit ist der Schock, die Verletzung nicht gelöst.

ERZENGEL MICHAEL: Der Körper versucht, sich durch andere Zellansammlungen wieder erneut bemerkbar zu machen. So was nennt ihr Metastasen. Das sind erneute Zellansammlungen. Deshalb ist es so wichtig, ganz tiefe neue Ansätze mit diesem neuen Wissen in der Behandlung mit Menschen, die Krebs haben, zu manifestieren. Menschen, die einen Virus in sich tragen, Bakterien. All das, was durch die große Ausbeutung der Erde in euch manifestiert wird.

Dieses zweite Herz löst viele Schocks auf, wenn die Zellen wieder miteinander kommunizieren. Dieses zweite Herz macht euch wach, eurer Intuition zu vertrauen, und dieses zweite Herz lässt euch erkennen, was passiert.

Dann öffnet dieses zweite Herz.

FRAGE: Lieber Erzengel Michael, ich bin ganz aufgeregt. Du hast heute gesagt, dass altes Wissen wieder auf die Erde kommt, und seitdem lässt mich Atlantis nicht mehr los. Kannst du mir etwas zu meinem Weg, meiner Aufgabe, was Atlantis angeht, erzählen?

ERZENGEL MICHAEL: Diese Lichtfrequenz, die ihr erfahrt, die gab es auf Atlantis auch schon. Diese Kraft des zweiten Herzens wurde auch in Atlantis gelehrt, übertragen, denn es bewirkt auch eine Form von Hellsichtigkeit, von Kraft, die Vision von Liebe, auf der Erde zu manifestieren.

Auch dass jede Zelle kommuniziert, auch das ist bekannt gewesen. Dieses Wissen wird jetzt wieder aktiviert für euch, dass ihr euch wieder erfahrt, dass ihr den Schatz des

Leben auskostet und dass ihr die Leichtigkeit des Lebens annehmt.

Es geht um das tiefe Erkennen, dass alles miteinander verbunden ist, dass alles miteinander ein Resonanzfeld ergibt. Und je mehr Menschen, je mehr Lebewesen das zweite Herz Muktiala wieder erfahren, um so friedvoller wird es auf ihrem Planeten.

Muktiala ist ein Tor.

FRAGE: Wenn das zweite Herz aktiviert ist, bedeutet das, dass die Zellen automatisch in eine gesunde Kommunikation miteinander treten? Oder gibt es die Möglichkeit, dass ich durch schlechte Gedanken, die ich routinemäßig pflege, irgendwas wieder störe?

ERZENGEL MICHAEL: Es kommt mehr und mehr die Freiheit, dass du dich nicht mehr anhaftest an diesen Gedanken, dass du sie wahrnimmst, doch sie gar nicht mehr bewertest, ob sie gut oder schlecht sind.

Darum geht es. Solange du die Gedanken bewertest zwischen gut und schlecht, haben sie Macht über dich.

Wenn du sie nicht mehr bewertest, zerplatzen sie wie eine Seifenblase. Solange ihr euren Gedanken diese Kraft gebt, zwischen positiv und negativ, könnt ihr die wirkliche Wirklichkeit des Lebens gar nicht verstehen.

Und das zweite Herz – Muktiala – erlöst euch davon, die Gedanken einzuteilen zwischen gut und schlecht.

FRAGE: Seit du mein zweites Herz aktiviert hast, spüre ich, dass meine Zellen hüpfen und tanzen, und das ist ein sehr wohliges Gefühl.

Die Frage, die ich an dich stellen möchte, geht dahin: Andere Patienten, die dieselbe Erkrankung, Fibromyalgie (deutsch: Weichteilrheuma) haben, können die mit der selben Herzöffnung zur Schmerzfreiheit gelangen?

ERZENGEL MICHAEL: Ja. Das ist möglich, dass alle Menschen frei werden, um ihr Potential wieder zu leben.

Es zeigt dir auch, dein zweites Herz zeigt dir, wo du gerade stehst. Es weist dich auf die Dinge hin, und es bringt die Kommunikation der Zellen wieder in Einklang, dass Frieden in euch ist und dass keine Bewertung mehr zwischen guten und schlechten Gedanken sich aufbauen kann. Frieden zu schließen ist die Erfahrung von Glückseligkeit.

Neun Stufen der Erleuchtung.

Neun Erfahrungen der Erleuchtung.

Neun Bewusstseinsebenen der Erleuchtung könnt ihr auf der Erde erfahren.

FRAGE: Im Zusammenhang mit Erleuchtung kennen wir den Begriff: ,die dunkle Nacht der Seele'. Was ist damit gemeint?

ERZENGEL MICHAEL: ,Die dunkle Nacht der Seele' bedeutet, du übergibst dich und wirst eins mit der Erde und eins mit dem Kosmos.

Mit dem Bewusstsein des Kosmos, mit dem Bewusstsein des ganzen Universums verbunden zu sein. Das ,Ich' hat keine Identifikation mehr. Die Seele geht über in das Ganze – zum ,Wir', nicht mehr zum ,Ich'.

Befreiung des Egos. Was ist Ego? Ihr bewertet es. Schlechte Gedanken, ,Ich' hat nichts mit dem Ego zu tun. Ego bedeutet, wenn die Gefühle und das Leben nicht vom Herzen gelebt werden.

Doch wenn sich die Seele übergibt, der ganze Kosmos und die Erde sich verneigen und in dich hineingehen, löst sich das ,Ich' auf und diese Verbindung ist die Einheit. Die dunkle Nacht der Seele ist eine Befreiung. Kosmos und Erde verschmelzen zusammen.

FRAGE: Lieber Erzengel Michael, was hat das zweite Herz mit dem Sirius zu tun? Das frage ich deshalb, weil in unserer Hypo-physe ein syrianischer Aquamarin sitzt.

ERZENGEL MICHAEL: Es bietet euch Schutz, um die Visionen zu empfangen von anderen Menschen. Die

Visionen, die ihr durch die Technik nutzt, könnt ihr mehr und mehr über das Muktiala erkennen.

FRAGE: Wie ist das bei Tieren. Dürfen wir da auch das zweite Herz aktivieren?

ERZENGEL MICHAEL: Auch das ist wundervoll. Tut das, aktiviert bei Tieren dieses zweite Herz, denn auch für jede Tierseele ist es eine große Unterstützung, und Tiere spüren genau, was ihr da tut. Macht das.

FRAGE: Du hast eben von neun Stufen gesprochen. Kannst du sie uns erklären?

ERZENGEL MICHAEL: Dass jedes Lebewesen diese neun Wege der Erleuchtung erfährt und spürt, braucht es die Öffnung des zweiten Herzen. Dass er wirklich erfährt, was die Erde, der Kosmos euch erfahren lässt, braucht es, für diese hohe Energie, die wir in diesem Kapitel euch zeigen und erfahren lassen wollen, diese Öffnung.

Und wir beginnen mit dem neunten Weg, um euch etwas aus dem Konzept zu bringen, denn Erleuchtung ist jenseits von Konzepten.

Deshalb sagte Erzengel Michael eben: so viele Formen, Erleuchtungsstufen, Erleuchtungsebenen – so viele.

Und jedes Wort hat woanders in euch geschwungen. Die Stufen – da kam der Verstand. Deshalb verschiedene

Möglichkeiten, denn Erleuchtung ist die Erfahrung des Herzens, in diese Gnade zu kommen, nichts mehr zu beurteilen.

Wenn dieser Nebel geht, dass der Schleier in eurem Leben geht, könnt ihr in jedem Atemzug Bewusstsein erfahren.

Erleuchtung und Erleuchtungsebenen

Der neunte Erleuchtungsweg – Samadhi

Die Einweihungen dieses Kapitels können bei dir Prozesse in Gang setzen. Gehe daher liebevoll mit dir um. Entscheide dich bewusst für die Einweihungen, bevor du mit dem Lesen dieses Kapitels beginnst.   Natara

Channeling mit Erzengel Michael

ERZENGEL MICHAEL: Die Erfahrung, von dem neunten Erleuchtungsweg, ist Samadhi. Tiefer Eintritt in den Kosmos, tiefer Eintritt in das Göttliche, wo Gott sich völlig in dem Herzen dieser Person, dieses Wesens offenbart.

Und spürt hinein, wenn wir diese Energie hier manifestieren. Wie sich das anfühlt in eurem Herzen, mit der höchsten göttlichen Kraft des Universums und der Erde verbunden zu sein in eurem Herzen. Nehmt es an. Kein Widerstand. Es ist die Energie, die Avatare haben. Keine Bewegung ist mehr nötig. Aus diesem Sein entsteht alles. Aus dieser Stille entsteht alles.

Gibt es Fragen?

FRAGE: Wie ist dieses Gefühl in dem Buch für den Leser trans-
portierbar?

ERZENGEL MICHAEL: Diese Kraft ist da, sobald er in
diesem Kapitel liest. Sie ist jetzt manifestiert. Diese
Gespräche sind Einweihungen. Und wir aus der geistigen
Welt wollen euch diese Kraft übertragen, was alles möglich ist auf der Erde, um euch aus der Angst heraus zu
führen in ein neues Bewusstsein, in neue Dimensionen,
und dass ihr spürt, dass ihr ,All-eins' seid. ,All-eins', dass
ihr mit allem verbunden seid. Mit allem.

FRAGE: Ich habe gerade sehr viel Mitgefühl gespürt. Sind wir der
vereinigten göttlichen Energie begegnet: göttlich weiblich und
göttlich männlich?

ERZENGEL MICHAEL: Ja. Beide Formen. Da gibt es
keine Trennung mehr zwischen weiblich und männlich.
Dort gibt es die Kraft der göttlichen Energie, und die ist
so voller Gnade – unbeschreiblich. Wir wollen sie für
euch noch tiefer spürbar machen. Dass ihr sie wirklich
annehmt – diesen neunten Weg der Erleuchtung

FRAGE: In Indien ist ja das Wissen um die Erleuchtung schon
sein Ewigkeiten bekannt. Und eine Frage, die mich schon lange
beschäftigt, ist: Wieso inkarnieren sich so viele Meister dort?

Wieso kommen Avatare wie Sai Baba, Mutter Meera und
Amma, wieso kommen sie alle aus Indien?

Samadhi Meditationssymbol

ERZENGEL MICHAEL: Weil sie nicht so viele Hürden erfahren. Indien ist ein sehr kraftvolles Land. Ein Land voller Schönheit, voller Armut, voller Reichtum. Doch die Angst ist gleich null.

Die Menschen warten auf Befreiung. Und deshalb werden viele Avatare in Indien geboren, um die Leichtigkeit zu nutzen, um die Kraft der Herzen zu nutzen, die wir mehr und mehr auch in eurem Land jetzt aktivieren. Sie ist da durch die Einfachheit, durch die Liebe, durch die Hilfe annehmen. Das habt ihr durch euren Standard in den westlichen Ländern sehr stark verlernt – sich alles kaufen zu können. Doch das wandelt sich, seit einiger Zeit in eurem Land. Niemand ist besser oder schlechter. Kein Land ist besser oder schlechter. Die Grenzen sind ent-standen in eurem Verstand. Im Herzen gibt es keine Grenzen.

FRAGE: Wie können wir diese wundervolle Energie im Alltag abrufen, damit wir in unserer Kommunikation mit Hilfe dieser Liebesenergie agieren können?

ERZENGEL MICHAEL: Indem ihr euch entspannt. Wann immer ihr die Energie erfahren wollt, ist sie da, denn diese Kraft ist bedingungslos. Sie ist immer da. Immer. Und das anzunehmen, ist das Wichtige.

FRAGE: Ist Samadhi ein Geschenk Gottes, ein Gnadenakt, oder können wir von unserer Seite irgend etwas dazu beitragen, um ins Samadhi zu gehen?

ERZENGEL MICHAEL: Samadhi ist die Verschmelzung mit der göttlichen Energie, mit der göttlichen Kraft. Verschmelzung mit dem göttlichen Licht des Kosmos und mit dem göttlichen Licht der Erde. Es geschieht. Wenn ihr euer Leben in Hingabe lebt, in Hingabe zur Liebe, zu jedem Lebewesen, kann es schneller passieren. Die Hingabe in Liebe ist der Weg, in dieser großen Kraft zu sein.

FRAGE: Erzengel Michael, seit du die neunte Erleuchtung manifestiert hast, fühlen sich meine Füße leer und kalt an. Kannst du mir das erklären?

ERZENGEL MICHAEL: Der Raum hat sich abgekühlt. Seitdem wir dieses hier manifestiert haben, ist es drei Grad kälter geworden, damit ihr nicht verglüht. Was glaubt ihr, was für eine Kraft durch euch fließt in dieser hohen Energie?

Das ist ein Schutz für euch und die Energie geht langsam durch euren Körper und langsam in die Erde, und dann hast du auch wieder Kraft in deinen Füßen. Ihr könnt es alle spüren, dass die Energie hier im Raum sich abgekühlt hat. Das ist ein wichtiger Prozess. Ein wichtiger Prozess!

FRAGE: Du spracht eben vom ‚All-eins-sein‘. Ist es so, dass die göttliche Energie sich aufgeteilt hat. Ganz? In allen Lebewesen, die es gibt, also in Menschen, Tieren, Pflanzen, Mineralien usw.? Oder gibt es noch irgendwas, was zurückgehalten wurde aus der göttlichen Urenergie, wo wir noch keinen Kontakt zu haben?

ERZENGEL MICHAEL: Das, was die göttliche Liebe aus-macht, ist die Hingabe zu jedem Lebewesen. Die Kraft, im Herzen zu dienen. Dir selbst zu dienen und jedem Lebewesen zu dienen, das ist die höchste Form vom Leben. Gott lebt in jeder Zelle von euch, in jedem Lebewesen, doch diese Kraft, so wie sie jetzt spürbar wird, das ist neu.

FRAGE: Immer wenn ich eine Lichtsäule vom Himmel bis zum Kern der Erde stelle, sehe ich, wie die Erdinnenbewohner jubeln. Schicke ich jetzt mit diesem Lichtstrahl noch mal mit meinen Gedanken diese göttliche Energie mit oder fließt die automatisch ein?

ERZENGEL MICHAEL: Sie verstärkt sich, deine Lichtsäule. Sie verstärkt sich bedingungslos.

FRAGE: Du sprachest eben davon, dass in den Zeiten von Atlantis diese Energien schon den Menschen gegeben worden waren. Ich gehe davon aus, dass auch davor schon Menschheiten vorhanden waren, die diese Energien bekamen, und würde dich jetzt bitten, dass du uns mitteilst, was wir nicht falsch machen sollen, denn die anderen Menschheiten vor uns sind alle unter-gegangen.

ERZENGEL MICHAEL: Das Allerwichtigste ist, dass ihr keine Angst vor dieser Größe habt. Wenn ihr Angst davor habt, vor dieser Kraft, vor dieser Energie, entste-hen Gedankenformen, Gedankenmuster, die sich reali-sieren. Und liebt euch, dass ihr die Verantwortung nicht abgebt über euer Leben.

Wenn ihr euch selbst liebt, euch hingebt – in jedem Atemzug – für eure Göttlichkeit, die jetzt so stark aktiviert ist, habt ihr alle Kraft, den Frieden auf dem Planeten Erde zu manifestieren. Es geht uns darum, dass ihr diesen Frieden manifestiert, dass sich Gott in der höchsten göttlichen Form des Friedens manifestiert, und dann geschieht alles, was in eurer Kraft ist.

FRAGE: Seit diese Energie hier im Raum ist, die mich sehr gut erfüllt hat und ich konnte sie wunderbar annehmen, merke ich doch jetzt – ich habe eine chronische Lungenerkrankung – dass diese sich jetzt bemerkbar macht. Ich muss dauernd husten und merke eine Beklemmung.

ERZENGEL MICHAEL: Diese Energie erlöst euch von alten Zwängen, von alten Wunden, weil Muktiala die Energie dorthin richtet, wo sie gebraucht wird. Deshalb können Organe jetzt reagieren und sich wieder bemerkbar machen – Kommunikation – das entsteht. Und dieser Strahl, dieser neunte Weg der Erleuchtung, ist der Erschaffer und der Zerstörer gleichzeitig.

FRAGE: Die Beklemmung, von der ich eben sprach, ist weg.

ERZENGEL MICHAEL: Und damit auch deine chronische Lungenkrankheit.

FRAGE: Großartig. Ist es wichtig, dass man es ausspricht, dass man es laut ausspricht?

ERZENGEL MICHAEL: Es geschieht doch. Durch das Husten geschieht es schon, dass die Energie rausgeht.

FRAGE: Lieber Erzengel Michael, im 19ten Jahrhundert hat uns der Mystiker Jacob Lorbeer mitgeteilt, dass der Planet Erde ein Lebewesen mit erdspezifischen Organen wie Herz, Lunge, Leber, Nieren ist.

Meine Frage ist jetzt: Hat die Erde als Wesen auch ein zweites Herz, und wird dieses jetzt auch in der Zeitqualität geöffnet?

ERZENGEL MICHAEL: Ja. In dieser Kraft, die wir hier manifestieren, wird es auch geöffnet, ja, wird es wieder aktiviert.

Bleibt in dieser Kraft. Diese Energie ist bedingungslos. Wann immer ihr sie erfahren wollt, ist sie da.

Entdeckt eure neue Kraft, die durch euer Muktiala fließt in jedes Organ, das Hilfe braucht, in jedes Organ, in jede Zelle der Erde, in Tieren, in Pflanzen.

Ihr seid das Licht, und das wollen wir euch spüren lassen, dass ihr frei seid in jedem Atemzug.

Das Bewusstsein von Erzengel Michael ist alle Zeit mit euch.

Tiefer Frieden ist in eurem Leben, tiefe Schönheit, die Vollendung.

Erleuchtung und Erleuchtungsebenen

Die fünfte Ebene der Erleuchtung –
Manifestation der Seelenkraft auf der Erde

Die Einweihungen dieses Kapitels können bei dir Prozesse in Gang setzen. Gehe daher liebevoll mit dir um. Entscheide dich bewusst für die Einweihungen, bevor du mit dem Lesen dieses Kapitels beginnst.   Natara

Channeling mit Erzengel Michael

ERZENGEL MICHAEL: Meine geliebten Kinder des Lichts, das Bewusstsein von Erzengel Michael ist mit euch und grüßt die Schönheit und die Liebe in eurem Herzen. Dass ihr immer mehr spürt, wie das Leben euch trägt, dass ihr immer mehr erfahrt, welche Klarheit ihr in euch habt, dazu ist es wichtig, euer Leben ganz auf der Erde zu manifestieren, eure Seelenkraft ganz auf der Erde zu manifestieren. Dass ihr wirklich spürt, wie getragen ihr seid, wie lichtvoll ihr seid, und dass alles in euch lebt. Alles. Dass ihr euch vor nichts mehr verstecken braucht, dass ihr alles von euch zeigen könnt, dass ihr euch wirklich annehmt. so wie ihr seid: Liebe.

Deshalb lasst euch fallen in euch, lasst euch erfahren, welche Gnade euch zuteil wird, in diesem Leben zu sein.

Die fünfte Ebene der Erleuchtung ist die Vision der Seele, ganz auf der Erde zu manifestieren. Ganz, präsent und achtsam zu sein. In jedem Atemzug das Herz zu erfühlen, das Herz zu spüren und diese Kraft jedem Lebewesen weiter zu geben. Das ist die fünfte Ebene. Die fünfte Entwicklung der Erleuchtung. Wenn das Herz leuchtet, wenn die Kraft des Herzens leuchtet, kann die Seele ihre Vision auf der Erde verrichten.

Deshalb gehen wir heute in die fünfte Ebene – kein Konzept, um wirklich die Freiheit zu erfahren. Und spürt in diese Ebene hinein, denn jeder erfährt die Essenz seiner Seele – in diesem Augenblick.

Und dass eure Seelenkraft wirklich auf die Erde kommt. Das Bewusstsein der Seele manifestiert sich ganz, in jeder Zelle des Körpers. Das ist die fünfte Ebene. Der Ausdruck der Seele manifestiert sich. Die Kraft der Seele manifestiert sich. Der Kosmos erfährt die Erdung. Und spürt hinein, welche Kraft ihr bekommt – welche Lebenskraft! Und wie es sich anfühlt, ganz mit eurer Seele in Kontakt zu sein. Da erfahrt ihr in jedem Atemzug eine Erkenntnis. Erleuchtung geht nicht darum, keine Gedanken mehr zu haben. Erleuchtung geht darum, das Licht, die Kraft mit allem, was ist, auf die Erde zu mani-

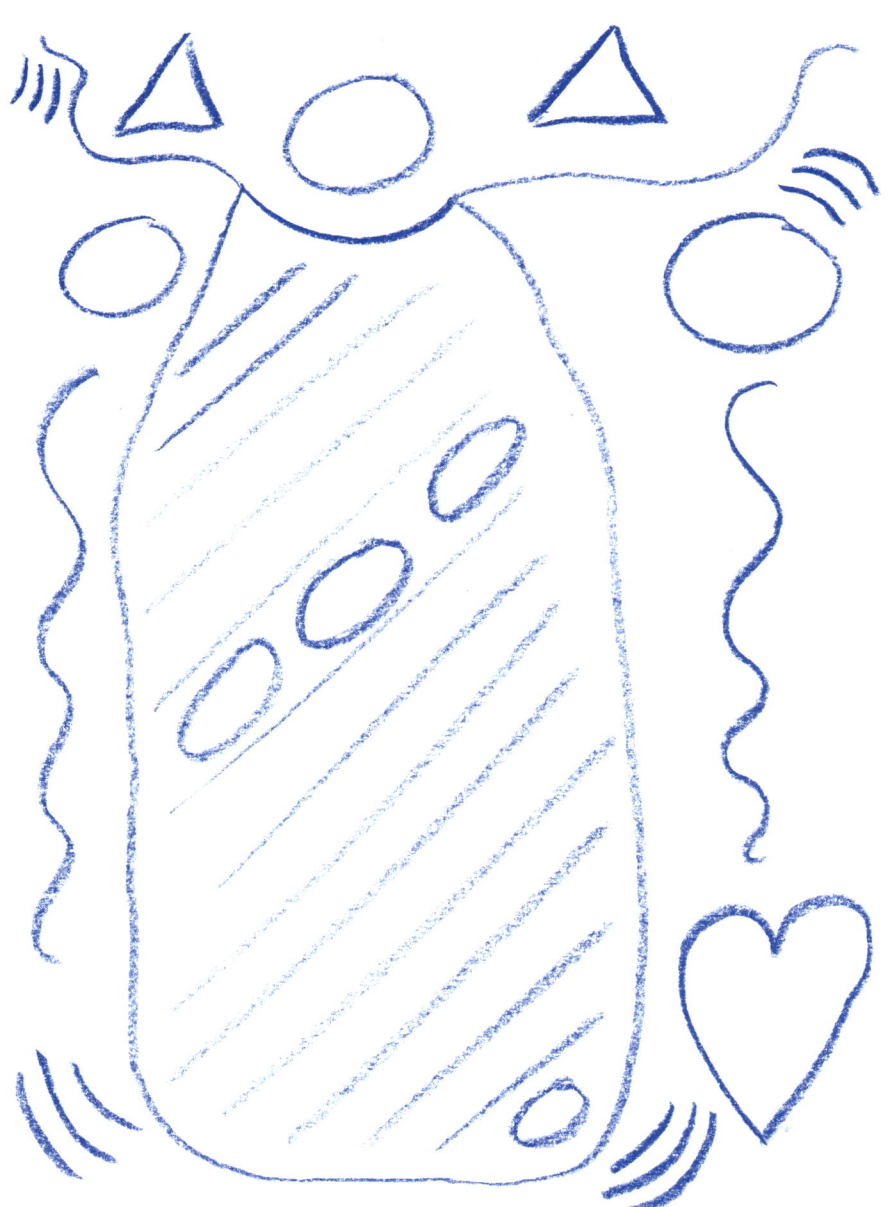

Seelenkraft Meditationssymbol

festieren. Verbunden zu sein mit der Seelenkraft bedeutet, dass ihr die Freude eurer Seele erfahrt, dass ihr die Einheit eurer Seele erfahrt und die Kraft im Leben erfahrt.

Bleibt in dieser Kraft – in dieser tiefen Ebene des Bewusstseins der fünften Ebene und spürt, wie die Seele eure Gedanken beruhigt.

Und wenn ihr euch mit dieser ganzen Seelenkraft verbindet, geschieht alles gleichzeitig. Und die Selbstliebe wird so stark. Generell die Liebe zu jedem Lebewesen wird unendlich. Das ist die fünfte Ebene. Und spürt hinein, wenn sich euer Körper in jedem Atemzug verändert, denn es ist so wichtig, dass ihr wirklich erfahrt, wie die Ebenen auf eure Körper wirken.

Gibt es Fragen?

FRAGE: Erzengel Michael, kann die Seele als ein leuchtendes goldenes Rad oder als eine leuchtende goldene Scheibe in der Brust erfahren werden?

ERZENGEL MICHAEL: Die Seele ist eine Lichtkugel. Und diese Lichtkugel kann durch verschiedene Ebenen reisen. Nachts, wenn ihr aus euren Körpern geht, geht diese Lichtkugel auch hinaus, doch das Wichtige ist, dass diese Lichtkugel sich manifestiert in euren Körpern, dass diese Lichtkugel ihre ganze Schönheit euch geben kann, ihre ganze Tiefe, ihre ganze Freude.

FRAGE: Was können die Menschen auf der körperlichen und auf der seelischen Ebene tun, damit diese Lichtkugel sich im ganzen Körper ausbreiten kann?

ERZENGEL MICHAEL: Die Liebe nutzen, sich immer tiefer einlassen auf die Liebe. Sie willkommen heißen, um die Dankbarkeit dieses Leben zu erfahren und achtsam zu sein – in allem. In allem, was ihr tut, achtsam zu sein, dann ist diese Kugel in jeder Zelle eures Körpers wieder zu finden. Wenn ihr wirklich alles liebt, alles integriert in eurem Leben, nichts mehr wegdrückt. Das ist die Kraft der Seele. Diese Kraft fordert euch auf, euer Leben neu zu kreieren.

FRAGE: Viele Menschen haben Schwierigkeiten, an ihre Seelen-vision zu gelangen, wenn sie auf der Erde sind. Gibt es irgend-welche Hilfsmittel in Form von Mineralien oder Farben oder Druckpunkten, wie man in besseren Kontakt mit seinem höhe-ren Selbst kommt?

ERZENGEL MICHAEL: Alle Ängste zu integrieren. Alle Ängste und Schocks zu erlösen und euch selbst anneh-men und diese Tiefe annehmen und vor allem die Angst vor der eigenen Größe, vor eurer eigenen Kraft, diese Angst anzunehmen und sie in Liebe zu transformieren, dann habt ihr in jedem Atemzug den Kontakt zu eurer Seele. Oft sind es die Ängste, die Erfahrungen aus der Kindheit, aus vergangenen Leben, die euch den Kontakt nicht haben lassen wollen. Wenn ihr allem in Frieden ins Auge seht, könnt ihr alles erlösen, denn der Kontakt ist da. Es braucht diese Integration, um die ganze Seelenkraft auf die Erde zu bringen.

FRAGE: Die Energie ist so wundervoll, und wenn du das jetzt so schilderst, dann glaube ich mir auch, dass ich das leben kann, aber wenn ich im Alltag bin, dann holen mich die alten Muster wieder ein. Besteht die Möglichkeit, dass du uns ein Mantra schenkst oder eine Übung – oder reicht es, den Text im Buch noch mal zu lesen, um wieder zu wissen, wie der Weg geht?

ERZENGEL MICHAEL: Dieses Tor, das geöffnet wurde, geht nicht mehr zu. Du kannst dich in jedem Atemzug mit deiner Seelenkraft verbinden – in jedem Atemzug.

Doch wenn die Seele wieder Einzug hält, so wie in diesem Augenblick; in diesem Moment seid ihr so tief verbunden, und diese Verbundenheit bleibt. Auch wenn du sie manchmal nicht spüren kannst, sie bleibt immer da.

FRAGE: Lieber Erzengel Michael, ich würde gerne wissen: Woran erkenne ich, welche Visionen meiner Seele entspringen und welche Visionen dem Wunschdenken entspringen?

Manchmal habe ich ein ganz deutliches Gespür. Ich denke: Das ist jetzt die Vision meiner Seele, aber dann dauert es eine Weile, bis sich das manifestiert, und in der Zeit kommen dann die Zweifel, und dann bin ich mir nicht mehr sicher, woher der Wunsch oder die Vision kommt.

ERZENGEL MICHAEL: Die Vision deiner Seele lässt keine Hindernisse zu. Die Vision deiner Seele hat die

Präsenz der Liebe, und diese Visionen gehen so kraftvoll und manifestieren sich auf der Erde. Und deshalb lass diese tiefe Liebe, die die Visionen immer verbindet, dein Wegweiser sein.

FRAGE: Ich schreibe gerade an einem Buch – an einem Roman, und ich habe das deutliche Gespür: Das ist mein Weg, und trotzdem ist es nicht immer einfach. Ich kann die Liebe vielleicht schon spüren, aber trotzdem ist es manchmal nicht einfach.

ERZENGEL MICHAEL: Es geht um die authentische Kraft, die eine Vision der Seele hat. Eine authentische Kraft lässt keine Kompromisse zu. Eine authentische Kraft der Seele verbindet euch mit dem Leben. Eine authentische Kraft der Seele ist, dass jedes Lebewesen miteinander verbunden ist.Und mit deinem Roman ist es genauso. Er kommt auf die Erde – und er braucht die Manifestationszeiten, die Ruhepausen, damit sich die Kraft auf der Erde manifestiert. Und dann kommt der Verstand und denkt: Da ist etwas nicht in Ordnung. Doch es geht darum, die Zeitqualität zu verändern, denn die Seele kennt keine Zeit, und das ist für den Verstand nicht erfassbar. Und lass ihn wirken und diese Kraft, damit er sich manifestiert.

FRAGE: Vielen Dank für die wunderbare Energie. Es fühlt sich sehr befreiend an. Ich spüre ganz viel Klarheit, und da frage ich mich, ob ich auch mit dieser Klarheit mich mit anderen Seelen leichter in Verbindung setzen kann, sodass die Kommunikation vielleicht klarer fließen kann?

ERZENGEL MICHAEL: Welche Seelen meinst du?

ANTWORT: Familienmitglieder, Freunde, oder auch verschollene Seelen.

ERZENGEL MICHAEL: Es geht viel leichter in der Klarheit, dass du auch wahrgenommen wirst, dass deine Kommunikation wahrgenommen wird, wenn du wirklich in der Kraft deiner Seele bist, ist die Kommunikation unendlich – von Liebe gespeist und von Kraft. Und die Herausforderung ist es, diese Klarheit auszuhalten, diese unendliche Klarheit anzunehmen und zu lieben. Und dann bleibt diese Freiheit – in jedem Atemzug.

FRAGE: Erzengel Michael, du spricht von der Veränderung der Zeitqualität auf der Erde. Ihr Engel bringt so viel Liebe auf die Erde, und ich hörte, es wäre für Erzengel Michael kein Problem, sein Bewusstsein innerhalb einer Sekunde auf Hunderttausende von Menschen zu verteilen. Wird dies geschehen und wann darf es geschehen?

ERZENGEL MICHAEL: All das, was wir aus der geistigen Welt euch geben, sind alles Vorbereitungen, Einweihungen, dass ihr euch so getragen und geliebt fühlt, dass die Essenz der Liebe in jedem Lebewesen wieder fließt. Und Liebe öffnet alles, Liebe öffnet eure Kanäle für uns, und diese Liebe werden wir immer stärker aus der geistigen Welt manifestieren.

In diesem Augenblick lässt euch Erzengel Michael das Bewusstsein von Erzengel Michael fühlen, doch es ist wichtig, dass ihr noch leben könnt auf der Erde. Deshalb geht die Energie höher und höher. Doch wenn ihr alle in diesem Bewusstsein täglich wärt, könntet ihr gar nicht mehr eure eigene Kraft erfahren, die immer stärker wird. Und je stärker eure Liebe zu euch selber wird, um so stärker wird die Verbindung zu unserem Bewusstsein aus der geistigen Welt. Ihr seid mutig.

FRAGE: Es ist so viel Überzeugungsarbeit zu leisten mit Menschen, die ihre Eigenliebe zu wenig leben. Ist es empfehlenswert, einfach zu sagen: ,Lies dieses Buch, nimm diese Energien auf, und spüre deine Eigenliebe, und geh in deine Klarheit?' Nur Worte – von meiner Seite zu diesen Menschen hin – reichen nicht aus.

ERZENGEL MICHAEL: Das Wichtige ist einfach, für Menschen da zu sein. Zuzuhören. Dann können sie wirklich euch vertrauen. Miteinander reden. Miteinander erfahren. Die Liebe. Das ist das, was jeder Mensch erfahren darf.

So viele Menschen haben sich abgeschnitten. Von dem Herzen, haben sich zugemacht, haben sich eine Mauer aufgebaut, um den Schmerz nicht zu spüren. Und sie kommen nicht mehr raus aus der Isolation, aus der Einsamkeit. Doch wenn ihr euch öffnet für andere Menschen, ihnen zuhört, ihnen Trost spendet, mit ihnen sprecht, spüren sie, dass ein Leuchten in ihnen wieder geschieht.

Das Wichtige ist, dass die Menschen erfahren, dass sie aus der Isolation, aus dieser Mauer herauskommen, deshalb bringt diese Bücher in so viele Zentren, in Altenheime. Auch wenn sie dort stehen, arbeiten sie mit den Menschen.

FRAGE: In letzter Zeit habe ich manchmal das Gefühl – vor allem nachts oder abends vor dem Einschlafen, dass ich angefasst werde – oder dass ein Wind um mein Gesicht weht. Ich versuche mich einfach daran zu gewöhnen. Ich habe das so aufgefasst, dass die Lichtwesen aus der geistigen Welt und meine Geistführer einfach ein bisschen näher zu mir kommen.

ERZENGEL MICHAEL: Wann immer Liebe geschieht, wenn ihr immer tiefer mit euch selbst in Liebe seid, wenn ihr immer mehr die Herausforderung der Liebe annehmt, können wir mehr und mehr mit euch Kontakt aufnehmen. Durch einen Windhauch, durch einen Satz, den ihr auf einmal empfangt, durch Wärme in eurem Körper, durch ein Kribbeln auf der Haut, all das sind Formen, wie wir uns immer mehr bemerkbar machen.

FRAGE: Wie kann das passieren, dass mehrere Seelen in einen Körper eintreten, und wie können wir uns davor schützen?

ERZENGEL MICHAEL: Der größte Schutz ist die Liebe. Die Selbstliebe. Wenn ihr euch immer mehr von euch entfernt, durch Süchte, durch Drogen, durch Alkohol, um so offner seid ihr für andere Welten. Das, was euch wirklich hilft, was euch erfahren lässt auf der Erde, ist die Liebe.

Und die Liebe ist der größte Schutz auch, dass irgendwelche Seelen an euch anhaften, in euch reingehen können. Die Liebe zu nutzen, die Selbstliebe zu aktivieren, mit allem in Liebe zu sein, das ist Gnade, und diesen Schutz kann niemand durchbrechen.

Ganz viele Seelen sind in diesem Augenblick erlöst worden.

FRAGE: Danke schön.

Ich habe gestern gehört, dass jeder Mensch ein Krafttor hat und dass wir dieses öffnen können. Ist dieses Krafttor identisch mit der fünften Ebene der Erleuchtung?

ERZENGEL MICHAEL: Ja, das ist identisch.

FRAGE: Lieber Erzengel Michael, ich habe noch mal eine Frage zu der Vision der Seele und der Zeitqualität. Vor einem Jahr habe ich eine Anweisung bekommen, die zu dem Zeitpunkt gar keinen Sinn gemacht hat. Trotzdem, wenn ich sagte: ,Ich bilde mir etwas ein. Ich lasse es lieber', blieb sie einfach. Und ich musste das, was ich zu dem Zeitpunkt verstanden habe, aussprechen. Inzwischen hat es sich ganz wundervoll gelöst, weil sich Dinge ergeben haben und dann manifestiert wurden, so dass es jetzt Sinn macht. Deswegen wollte ich jetzt fragen: Heißt das, dass wir den Mut haben dürfen, etwas, was für unseren Verstand völlig blödsinnig erscheint ...

ERZENGEL MICHAEL: Genau das. Genau das umzusetzen. Genau das in die Materie zu bringen. Das ist Leben.

Dass ihr keine Angst davor habt, dass ihr wirklich den Verstand immer mehr ins Herz bringt, denn der Verstand ist in der Vergangenheit, der Verstand ist in der Zukunft, doch das Herz ist in diesem Augenblick verschmolzen mit der Seele. Und das leitet euch den Weg. Und das bringt euch immer wieder in Situationen, die ihr gar nicht denken konntet, doch die Kraft eurer Seele weiß viel mehr, als ihr euch zutraut – viel mehr.

FRAGE: Warum fällt es fast allen Menschen so schwer, sich selbst zu lieben und dadurch auch alle anderen Lebewesen zu lieben? Wo ist die Ursache dieser Blockade?

ERZENGEL MICHAEL: Die Ursache ist die Geburt. Die Geburt selbst, wie sie vollzogen wird.

Die Geburt und der Tod sind die größten Einweihungen in eurem Leben, doch schaut, was daraus gemacht wird. Viele Kinder kommen der Einfachheit wegen mit Kaiserschnitt, andere gehen durch traumatische Prozesse. Es ist so wichtig, wie das neue Wesen, das so rein ist, empfangen wird – wirklich empfangen wird, dass es sich wirklich angenommen fühlt, dass es sich aufgehoben fühlt.

Und dass eure Lebensform so aufgebaut ist aus Angst, aus Neid und Gier. Doch wenn ihr die Lebensform ver-ändert, kommt die Selbstliebe. Wenn ihr wisst, dass die

Erde euch trägt und ihr in jedem Atemzug verbunden seid mit Gott, fangt ihr das neue Leben an.

Da entsteht die Angst, sich selber zu lieben.

FRAGE: Seit der Toröffnung habe ich ein Brennen im Hals. Kannst du mir das erklären?

ERZENGEL MICHAEL: Weil sich die Seelenkugel ausdehnt, wird vieles erlöst in euch. Vieles transformiert, und es ist die Energie, die ihr spürt, die mit dem Kehlchakra einiges erlöst. Wie ein Feuer, wenn ihr euch mit der ganzen Seelenkraft verbindet. Mit dieser Einweihung in die fünfte Ebene der Erleuchtung werdet ihr verbunden mit der Seelenkraft. Diese reinigt erst mal und erlöst dort, wo noch Erlösung stattfinden darf in eurem Körper.

FRAGE: Es gibt noch so ein paar Dinge und Eigenschaften an mir, wo es mir total schwer fällt, diese zu lieben. Ich würde aber auch gerne gerade den Eigenschaften, die ich an mir nicht liebe, viel Liebe entgegen bringen. Wie mache ich das?

ERZENGEL MICHAEL: Wenn du auf die Erde kommst, wenn du geboren wirst, erkundest du alles neu, erfährst alles neu. Und das ist das Wichtige, dass du genau dort, wo du dich nicht spüren willst, bei dem, was du ablehnst, hinschaust, dort hinein atmest. Dort wirklich spürt, was ist dort für ein Trauma, was hängt dort für ein Schock? In deinem Verhalten, in deinem Körper – und wirklich dahin atmen, an diese Stelle deines Körpers, in diese Situation atmen. Dir die Situation vorstellen und da hinein atmen und Liebe hinein atmen, dann erlöst du das.

Das ist wichtig, denn in jedem Atemzug verbindet ihr euch mit Gott, deshalb ist es auch so wichtig, wie der erste Atemzug ist, wenn ihr aus dem Mutterbauch kommt.

FRAGE: Du hast vorhin davon gesprochen, dass die geistige Welt – ja, fast ein bisschen zögert, sich vollständig zu manifestieren, damit unsere eigene Kraft sich entfalten kann. Aber das Ziel ist ja die Integration, die vollständige Entfaltung von uns selbst in der Verbindung mit der geistigen Welt. Ich bitte darum, dass dies jetzt geschehen kann.

ERZENGEL MICHAEL: Es braucht die Achtsamkeit. Es braucht die Integration von allem. Wenn die Schmerzen noch so stark sind, verstärken sich die Schmerzen. Eure Energiekörper brauchen die Kraft, diese Energie anzunehmen, diese Liebe anzunehmen. Deshalb erhöhen wir die Energie immer mehr, dass ihr in euer Potential kommt und uns mehr und mehr erfahrt und dass ihr immer stärker die Verbindung und die Vereinigung spürt.

Es ist so wichtig, dass eure Nervenbahnen für diese hohe Energie offen sind, dass eure Nervenbahnen wieder frei sind von Giften, frei sind von Schmerz, dass eure

Energiebahnen mehr und mehr den Kontakt wieder spüren zur Erde, zum Kosmos. Es braucht eure Erfahrung des Seins, um mit uns zu verschmelzen. Erst, wenn ihr eure eigene Identität loslasst, wenn ihr sie erst mal spürt und dann loslasst. Das ist die Vereinigung.

FRAGE: Gibt es einen Heilstein, der die Arbeit der fünften Toröffnung vertiefen oder verstärken könnte?

ERZENGEL MICHAEL: Eine der stärksten Kräfte ist der Diamant.

FRAGE: Es gibt einen fünfjährigen Jungen, der seit zwei Jahren nicht mehr gewachsen ist. Kannst du mir sagen, wie ich mit seiner Seele kommunizieren kann und woran es liegt, dass er nicht mehr wachsen will?

ERZENGEL MICHAEL: Es ist ein Schock: Angst davor, erwachsen zu werden, Angst, groß zu werden. Ein Schock, den er irgendwann erfahren hat in der Kindheit im dritten Lebensjahr. Der Körper ist klein geblieben. Kommuniziere mit der Seele und erlöse den Schock. Bringe mehr und mehr Heilung in sein Umfeld, für seine Eltern, damit er wieder wachsen kann, damit er sich wieder entfalten kann, damit die Ängste erlöst sind.

FRAGE: Seit der Öffnung des Tors zur fünften Ebene habe ich ein ganz seltsames Gefühl. Es hat mit meinen Händen zu tun. Ich muss ständig meine Hände anschauen und ich habe das Gefühl, ich müsste mich unbedingt an etwas erinnern, was damit zu tun hat. Ist es etwas ganz Persönliches? Irgendwie ist auch der Gedanke da, dass es um einen Schlüssel für alle geht?

ERZENGEL MICHAEL: Es geht um das Handeln auf der Erde, in deiner Seelenvision auf der Erde zu handeln. Die in Ausdruck zu bringen mit den Händen.

Und deshalb könnt ihr eure Hände auch ganz anders wahrnehmen, mit dieser Öffnung, könnt sie ganz anders fühlen, wie sie pulsieren, wie sie darauf warten, ganz neu von euch entdeckt zu werden, denn es geht um euer Handeln. Das Handeln auf der Erde durch die Seelenkraft.

FRAGE: Das Handeln durch die Seelenkraft. Es ist in meiner ärztlichen Arbeit häufig eine gute Präsenz da, aber dann sind auch Augenblicke, wo das abfällt, das nachlässt, dieser Kontakt zur inneren Mitte. Kannst du mir eine Hilfe geben, mit der ich augenblicklich in der Patientenarbeit schnell wieder in meine Mitte hinein finde?

ERZENGEL MICHAEL: Indem du atmest. Ein, zwei Atemzüge und du bist direkt wieder drin. Indem du die Kraft des Atems wirklich annimmst, nutzt.

FRAGE: Lieber Erzengel Michael, dürfen, können, sollen wir dieses wundervolle Wort, diesen Namen Muktiala auch als Mantra nutzen?

Und könntest du noch mal näher auf Ambas Frage eingehen mit dem Diamanten für die fünfte Ebene. Wie können wir damit arbeiten, oder wie können wir diesen Diamanten nutzen?

ERZENGEL MICHAEL: Ihr könnt gerne das Mantra Muktiala benutzen. Es aktiviert das innere Herz, zweite Herz.

Den Diamanten könnt ihr aufs Herzchakra legen, auf Bilder von Personen, von Menschen, von Tieren, von Pflanzen, auf die Handchakren legen, auf die Fußchakren legen, damit alles aktiviert wird, doch das Stärkste ist auf das Herzchakra, dass die Seele wieder zurück kann, dass die Seele wieder im ganzen Körper sich ausdehnen kann, in jeder Zelle sich manifestiert. Und dafür ist es wichtig, ihn zu nutzen.

FRAGE: Hat eigentlich der Brillantschliff bei einem Diamanten noch eine besondere spirituelle Bedeutung für uns – wegen der verschiedenen Facetten? Weil sich da die göttliche Energie in verschiedenen Facetten ausdrücken könnte?

ERZENGEL MICHAEL: Das braucht es gar nicht. Es braucht einfach nur die Information des Diamanten, damit ihr fühlt, damit ihr wahrnehmt, damit ihr diese Kraft ganz erfahren könnt – ganz. Damit sich die Seele ausbreitet in eurem Körper.

FRAGE: Seit du die fünfte Ebene der Erleuchtung bei uns geöffnet hast, spüre ich einen sehr großen Bewegungsdrang. Ist das so, dass die Zellen sich neu formatieren?

ERZENGEL MICHAEL: Die Zellen verändern sich. Die Zellen werden gefüllt mit der Seelenkraft. Ja.

Und das braucht Bewegung, dass die Zelle wirklich auf der Erde ankommt, dass jede Zelle diese Information der Seele empfängt, braucht es nach dieser Einweihung

Bewegung. Um diese ganze Kraft, die du jetzt erfahren hast, wirklich auf die Erde zu bringen.

FRAGE: Das heißt, wir dürfen den Lesern dann anraten, danach zu tanzen?

ERZENGEL MICHAEL: Ja, zu tanzen, zu trommeln, sich zu bewegen, die Natur spüren, barfuss in den Wald gehen. All das ist wundervoll.

Spürt eure Kraft, die sich in jedem Atemzug immer mehr ausbreitet in eurem Körper, und lasst die Heilung zu, die dadurch geschieht.

Das Bewusstsein von Erzengel Michael ist alle Zeit mit euch.

Tragt den Frieden eurer Seele in die Welt.

Erleuchtung und Erleuchtungsebenen

Die erste Ebene der Erleuchtung – die Klarheit

Die Einweihungen dieses Kapitels können bei dir Prozesse in Gang setzen. Gehe daher liebevoll mit dir um. Entscheide dich bewusst für die Einweihungen, bevor du mit dem Lesen dieses Kapitels beginnst.   Natara

Channeling mit Babaji:

BABAJI: Meine geliebten Kinder der Wahrheit. Das Bewusstsein von Babaji ist mit euch. Om Namah Shivaya.

Die Klarheit zu manifestieren, ist das Wichtige, die Klarheit zu empfangen und eure Klarheit für euer Leben zu nutzen. Dass ihr euch bewusst seid, dass alles in Liebe getragen ist, wenn ihr klar mit euch seid.

Wenn ihr in aller Klarheit mit jedem Lebewesen kommuniziert und vor allem in Klarheit seid mit euch. Jede Unklarheit verbirgt Ängste, verbirgt Zweifel, doch Klarheit bringt euch Kraft, bringt euch Stärke und Weisheit. Und diese absolute Klarheit, die in jeder Zelle gespeichert ist, lässt euch wirken. Die Klarheit will durch euch wirken und dass ihr euch dessen wieder bewusst werdet, dass ihr in eurem Herzen schon immer die absolute Klarheit habt.

Und dieser Weg in die Klarheit ist der Weg der Befreiung, ist der Weg der Selbstliebe und der Kraft, das Leben zu erfahren.

Entdeckt in jedem Atemzug eure Klarheit. Entdeckt in jedem Atemzug eure Liebe und eure göttliche Präsenz. Göttliche Präsenz ist Klarheit. Und die dürft ihr wieder erfahren, um euer Leben aus eurem Herzen zu manifestieren. Dass ihr euch wieder spürt, dass ihr euch wieder annehmt und euch wieder mit der Liebe verbindet.

Spürt die Klarheit, die durch euch fließt, die wieder aktiviert wird. Spürt die Klarheit, für euch. Die Klarheit, die aus eurem Herzen kommt, nicht die Klarheit aus dem Verstand. Das ist so wichtig, dass ihr diese Präsenz, die ihr jetzt übertragen bekommt, wieder annehmt.

Das ist die erste Ebene der Erleuchtung. Die Klarheit eures Herzens auf der Erde zu manifestieren. Die Klarheit eures Herzens ganz auf der Erde zu leben und in jedem Atemzug diese Klarheit in euer Leben zu integrieren. Dann bekommt euer Leben eine Tiefe und eine Erlösung, dann braucht ihr nichts mehr zu tragen, weil alles sich sofort offenbart.

Klarheit Meditationssymbol

Lasst euch fallen in diese Klarheit. Traut euch ganz in dieser Tiefe zu sein, denn diese Klarheit ist so kraftvoll, und diese Klarheit des Herzens fordert euch heraus, mit allem und mit jedem Lebewesen in Klarheit und in Frieden zu leben.

Nehmt diese Einweihung an und nehmt diese Leichtigkeit an, die damit geschieht. Traut euch, diese Klarheit zu leben. Diese Klarheit anzunehmen, verbunden mit der tiefen Liebe zu euch selbst.

Und lasst auch diese Kraft, die damit frei wird, die unendliche Lebenskraft – lasst sie wieder zu – mit dieser Klarheit. Mit diesem Erwachen in Klarheit. Das ist das Geschenk der Erleuchtung: Klarheit in jedem Atemzug zu manifestieren, eure Herzensklarheit zu erfahren, und das ist die Einweihung.

Nehmt wahr, wie sich alles verändern wird.

Spürt diese Stille, die mit der Klarheit kommt, wenn ihr wirklich euch traut, diese Klarheit wahrzunehmen und anzunehmen – wird es still. Und das Tun wird zum ,Geschehen-Lassen'.

Gibt es Fragen, die ihr habt, dazu?

FRAGE: Lieber Babaji, ich habe das Gefühl, in meinem Herzen wird es klarer und offener, aber je klarer und offener es in mei-

nem Herzen wird, desto mehr wirbelt es in meinem Kopf durcheinander. Was ist das und wie bekomme ich die Klarheit vom Herzen hoch in den Kopf?

BABAJI: Der Verstand will die Klarheit behalten. Der Verstand möchte die Kontrolle behalten.

Doch wenn du dein Herz immer mehr öffnest – es zulässt und nicht mehr kämpfst gegen die Gedanken, lösen sie sich auf. Ihr habt es so gelernt zu denken. Ihr seid gut wenn ihr denkt, wenn ihr mitdenkt.

Das Wichtige ist, dass ihr nicht kämpft gegen die Gedanken, sie zulasst, und dann strahlt euer Herz und diese Klarheit des Herzens springt auf alles über. Das ist das, was ihr gelernt habt: nicht dem Herzen zu vertrauen, sondern dem Verstand. Und das wird euch genau bei dieser Einweihung bewusst, dass ihr das Gelernte überwindet und euch fallen lasst in euer Herz.

Dann geschieht Liebe und Freude und Glückseligkeit.

FRAGE: Es fällt mir nicht leicht, deine Worte anzunehmen. Ich fühle Wut, Abwehr, auch Trauer. Sind das unterdrückte Emotionen, die jetzt gehen dürfen?

BABAJI: Ja. Die Klarheit fordert euch heraus, klar zu sein. Und die Herzensklarheit ist der Juwel in eurem Herzen, der seinen Strahl darauf lenkt, was noch zu klären ist. Deshalb ist es gut, wenn es rauskommt, um damit Frieden zu schließen. Auch mit diesem Gefühl.

FRAGE: Was war eigentlich der Auslöser dafür, dass wir unsere Klarheit so sehr verloren haben, dass wir vergessen haben, göttlich zu sein?

BABAJI: Der Auslöser ist eure Erziehung. In dem, wie Kinder wachsen dürfen, vergessen sie ihre Göttlichkeit oder leben sie weiter.

Durch die vielen verschiedenen Glaubensrichtungen, Glaubensgemeinschaften, konntet ihr immer weniger eure Göttlichkeit spüren. Doch in dieser Zeit auf der Erde darf es wieder anders werden, dass ihr eure Kinder frei lasst, dass die Seelen sich entwickeln dürfen auf allen Ebenen, dass sie sich spüren dürfen, dass sie auch weinen dürfen und schreien dürfen.

Denn Kinder haben den Ausdruck – wenn sie geboren wurden – von totalem Bewusstsein, von Klarheit, und es ist so wichtig, diese Kraft von totalem Bewusstsein in euch auch wieder zu aktivieren und dass ihr das den Kindern lasst, dass ihr sie nicht mehr dort hinzieht und dort hinzieht, dass sie sich erfahren können auf der Erde, dass sie sich in Geborgenheit erfahren können und in Liebe.

FRAGE: Wie können wir den Kindern, die sich selbst Schmerzen zuführen, weil sie sich selbst nicht mehr spüren, wie können wir ihnen die Klarheit des Herzens näher bringen? Oder die Einweihung spüren lassen, so dass sie wieder die Klarheit des Herzens spüren?

BABAJI: Lest ihnen diese Zeilen vor, damit sie sich dran erinnern, und beschenkt sie mit eurer Liebe, mit eurer Klarheit, die ihr jetzt wieder erfahrt. Dann können sie sich wieder daran erinnern. Dann können sie sich wieder erfreuen am Leben, an ihrem Körper, an ihrer Spiritualität. Wenn du es lebst, diese Einweihung, die du in diesem Augenblick erfährst, leben es deine Kinder auch.

FRAGE: Als Lord Shiva vor 30 Jahren im Körper von Babaji auf der Erde war und ich ein Bild gesehen habe, von ihm, war ich tief berührt.

Lord Shiva wird auch geschützt durch Schlangen, die seinen Körper beschützen: Kobras. Nach dem vorletzten Channeling, in der Nacht danach, hatte ich einen Traum, dass ich von einer Kobra gebissen wurde, kannst du mir dazu etwas sagen?

BABAJI: Es geht um Erlösung von Angst. Das Gift tötet dich nicht, wenn du die Angst dabei erlöst, die Lebensangst, die Angst vor dem falschen Handeln, die Angst vor dem Leben. Und wenn die Kobra dich beißt und du die Liebe zeigst, wird das Gift erlöst und Freiheit ist da. Freiheit. Dieser Traum fordert dich auf, alte Strukturen abzulegen und der Liebe ganz zu begegnen, es ganz zuzulassen, dass die Liebe dich heilt, dass die Liebe dich trägt.

FRAGE: Ich hatte während der Einweihung den Eindruck, dass mein Brustkorb sich unendlich dehnt und weitet und dass paral-

lel meine Handchakren sich sehr geöffnet haben. Jetzt meine Frage: Was haben die Handchakren mit dieser Einweihung zu tun?

BABAJI: Wenn du klar bist, kannst du nur noch in Klarheit handeln. Dann kannst du in Freiheit handeln. Dann wird das Tun zum ‚Geschehen-Lassen', und deshalb gehen die Handchakren auch mit auf – mit dieser Einweihung in die Klarheit. Wo ihr wirklich diese Tiefe erleben könnt, um wirklich euer Leben in Klarheit zu manifestieren. Und dass ihr euch dieser Klarheit auch stellt, denn diese Klarheit zeigt euch auf, was ihr noch erledigen dürft, was ihr noch annehmen dürft, auch Wut – annehmen.

FRAGE: Lieber Babaji, Mahavatar, welche Rolle spielt Muktiala in der Thematik der Einheit des Herzens und des Verstandes?

BABAJI: Muktiala erlöst euch von tiefen Blockaden, erlöst euch von Schmerz und von Vergangenem. Muktiala lässt euch auch in diese absolute Herzensklarheit kommen, um diese Kraft ganz zu leben. Das Licht, das sich ausbreitet in der Klarheit des Herzens, ist unermesslich. Deshalb ist das Muktiala für alle Einweihungen ein Verstärker.

FRAGE: Du hast von den verschiedenen religiösen Traditionen gesprochen, die das Wissen der geistigen Welt in gewissem Sinne verdunkeln, aber doch irgendwie auch versuchen in die Kulturen hinein zu tragen. Wenn wir jetzt von der Wirklichkeit von Shiva ausgehen, wie können wir sie zum Beispiel verstehen im Kontext des Christentums? Wie wird Shiva im Christentum genannt, wie wird er dort verehrt? So dass wir dann mehr Einheit empfinden können zwischen den Traditionen.

BABAJI: Dass die Grenzen erlöst werden, die zwischen den verschiedenen Glaubensrichtungen sind, die Grenzen zwischen den verschiedenen Religionen erlöst werden, das ist auch eine Kraft dieser Einweihung. Dass in dieser Klarheit alle Lebewesen zu einander finden, um wirklich wieder Klarheit zu erfahren. Auch die Grenzen zwischen Ländern, die Grenzen zwischen Völkern, auch das wird mehr und mehr erlöst.

Wenn ihr das Bewusstsein von Shiva verehrt, verehrt ihr im Christentum Jesus.

FRAGE: Ich habe zwei Fragen. Zum einen: ich spüre einen sehr starken Druck – hochsteigend vom Herz in mein Halschakra, und frage mich, ob es damit zu tun hat, die Klarheit und Liebe des Herzens jetzt in meine Kommunikation zu bringen?

BABAJI: Ja. Das ist ganz wichtig, wirklich deine Klarheit zu manifestieren in der Kommunikation, deine Wahrheit in der Kommunikation zu leben.

FRAGE: Die zweite Frage wäre: Gibt es auch dazu aus der geistigen Welt für diese erste Entwicklungs- oder erste Ebene einen Heilstein, den uns die geistige Welt empfiehlt? Und wenn ja, wie können wir ihn anwenden?

BABAJI: Nehmt den Bergkristall. Er bringt die Klarheit. Arbeitet mit ihm auf dem Herzchakra, auf dem dritten

Auge, und dort, wo er gebraucht wird, wo er Klarheit manifestieren darf. So wird es geschehen. Und dieser Druck wird sich erlösen. Es ist aufgestaute Energie, unerlöste Energie, die frei wird mit dieser Einweihung.

FRAGE: Ich bekomme in den letzten Wochen und Monaten immer mehr Informationen über die Vergangenheit von der geistigen Welt bezüglich der Geschichte der Religionen und der gesamten Entwicklung. Ich wollte einfach fragen: Kann ich dieses jetzt kommunizieren, kann ich es nach Außen bringen, kann ich es den Menschen mitteilen?

BABAJI: Es ist wichtig, dass du mehr und mehr darüber sprichst, dass du mehr und mehr dein Wissen in die Welt bringst, dass du mehr und mehr dich traust, das, was du von uns empfängst, weiterzugeben. Tu es. Es ist gesegnet.

ANTWORT: Ich spüre, wie meine Gedanken ruhiger werden, und wie es wärmer wird in meinem Kopf. Ich habe das Gefühl, dass der Verstand sich eigentlich auch nach Liebe sehnt und dass es auch wichtig ist, ihn zu lieben und ihn anzuerkennen für seine Dienste.

BABAJI: Ja. Den Verstand umarmen. Das ist das Wichtige. Den Verstand umarmen und dann ist Ruhe da, dann ist Frieden da, und dann ist Beziehung da. Deshalb ist es wichtig, nichts weg zu drücken. Nichts. Denn alles, was ihr ablehnt, wird stärker und stärker, bis ihr es annehmt und umarmt, denn dann könnt ihr wirklich in Beziehung gehen mit allem.

FRAGE: Lieber Babaji. Ich merke, seitdem diese Channelings stattfinden, unglaubliche Veränderungen in meinem Leben. Ich weiß jetzt gar nicht, ob ich jetzt alles zusammenkriege, wo fange ich an? Ich merke, wie mein Essverhalten sich verändert und wie ich auf manche Sachen überhaupt gar keine Lust mehr habe, wie z.B. Käse, und wie ich mehr weiche Sachen esse, oder Flüssiges ...

BABAJI: Das ist es. Das ist gut. Mach weiter so.

FRAGE: Ich merke, wie ihr abends und nachts an mir arbeitet. Sehr intensiv. Und dann habe ich öfter mal eine leichte Übelkeit, die eigentlich ziemlich lange anhält.

BABAJI: Es ist eine Reinigung der alten Energie. Eine Reinigung deines Magen-Darm-Traktes. Und da wird viel erlöst, denn alles, was ihr hier erfahrt, arbeitet natürlich viel stärker mit euch. Damit diese Kraft auch in diesem Buch manifestiert ist, erfahrt ihr die Kraft auf das Hundertfache stärker – ihr alle, die ihr hier seid. Und das ist es, warum eine Übelkeit auftritt, warum das Essverhalten sich verändert, weil alles im gesamten Zellsystem sich verändert.

ANTWORT: Und was ich auch merke, also das Gewaltigste war diese Seelenkrafteinweihung letzte Woche. Also seitdem bin ich permanent – ich weiß gar nicht wie ich das sagen soll, also es ist einfach alles ganz anders. Ich spüre unglaublich viel Energie, also eigentlich, auf eine gewisse Art, unendlich viel, und irgendwie bin ich auch die ganze Zeit gut drauf. Und es ist auch so eine Magie in der Luft, und ich merke auch, ich war neulich im Zug, und es verbreitet sich. Also die Leute spüren das. Also es ist irgendwie ganz speziell. Danke.

BABAJI: Wenn dieses Wissen und diese Kraft in euch verankert ist, erlöst sich ganz viel, und traut euch wirklich, das, was ihr hier erfahrt zu leben. Traut euch, das zu leben. Das ist das größte Geschenk, was ihr euch machen dürft – euch selbst.

FRAGE: Wird Lord Shiva noch einmal in einem menschlichen Körper inkarnieren?

BABAJI: Er kommt ganz bestimmt. Ja.

Er kommt ganz bestimmt wieder, er wird wieder da sein, um die Dinge, die noch anstehen, zu verändern. Sehr bald wird er zurückkommen auf die Erde.

FRAGE: Und wie sieht es mit dir, Babaji, aus? Als wir das letzte Mal dich hörten, hast du gesagt, du würdest auch bald nach Indien kommen. Darf ich dich noch mal darum fragen?

BABAJI: Es geschieht mehr und mehr die Freiheit, und Babaji wird auf die Erde kommen in einer neuen Kraft, und ihr alle werdet mich erkennen.

FRAGE: Ich habe eine ähnliche Frage. Es wurde nämlich auch gesagt, dass Jesus wieder in einem Körper inkarniert. Ist er schon da?

BABAJI: Diese Kraft von Jesus ist in vielen Herzen aktiviert. Dieser Austausch der Seelen, ihr nennt es auf der Erde ‚Walk-in‘, geschieht bereits, doch es ist noch wichtig, dass diese Kraft ganz auf der Erde sich manifestiert.

Doch dieser Austausch hat bereits stattgefunden. Je mehr Menschen diese Klarheit ihres Herzens erfahren und spüren, um so leichter ist es für Sananda.

Lebt eure Klarheit. Lebt das, was in eurem Herzen ist, und nutzt die Kraft, die ihr bekommt. Und manifestiert eure Liebe in jedem Atemzug, denn diese Kraft der Liebe ist unerschöpflich, unermesslich, immer da. Gibt es einen Titel für deinen Roman?

ANTWORT: Ja, den gibt es schon.

BABAJI: Nenne ihn.

FRAGE: Der Roman heißt: ‚Die Schnecke im Erdbeerfeld‘. Warum fragst du?

BABAJI: Damit auch diese Kraft, die du fühlst, auch in deinem Roman ist. Setze die Kraft noch viel mehr um in deinem Schreiben. Je tiefer du schreibst, um so mehr Menschen erreichst du. ‚Die Schnecke im Erdbeerfeld‘ ist wie den Verstand umarmen, und je tiefer du eintauchst in diesen Roman, um so tiefer wird die Kraft.

ANTWORT: Ich möchte dazu noch sagen, dass ich den Roman mit meinem Partner zusammen schreibe, also wir sind zwei, und dass wir beide wirklich selbst nicht wissen, warum der Titel so ist. Er ist einfach so.

BABAJI: Und je tiefer ihr mit euch selbst kommt, um so authentischer wird diese Geschichte, und Babaji segnet euer Projekt.

Lasst die Liebe immer fließen aus euren Herzen. Lasst die Leichtigkeit immer leichter werden in eurem Herzen und nehmt das an, was euch zuteil wird, die Gnade des Lebens.

Om Namah Shivaya.

Babaji ist mit euch.

Erleuchtung und Erleuchtungsebenen

Die dritte Ebene der Erleuchtung – die Achtsamkeit

Die Einweihungen dieses Kapitels können bei dir Prozesse in Gang setzen. Gehe daher liebevoll mit dir um. Entscheide dich bewusst für die Einweihungen, bevor du mit dem Lesen dieses Kapitels beginnst. Natara

Channeling mit Babaji

BABAJI: Om Namah Shivaya. Meine geliebten Kinder der Wahrheit, das Bewusstsein von Babaji ist mit euch. Om Namah Shivaya.

Dass ihr immer mehr euch mit eurer Kraft der Liebe erfüllt und auch fühlt, ist die Kraft des Lebens.

Dass ihr mehr und mehr Frieden schließt, um den Weg eurer Kraft und eurer Liebe immer stärker zu erfahren, dass ihr euer Herz bedingungslos lebt und dass ihr eure Kraft in jedem Atemzug nutzt und empfangt.

Spürt hinein, wie sich die dritte Ebene der Erleuchtung in euch manifestiert. Achtsamkeit.

Achtsamkeit.

Achtsam zu leben, bedeutet die Sprache eures Herzens ganz zu verstehen, die Sprache eures Herzens zu leben. Achtsam zu sein zu jedem Lebewesen. Vor allem – in jedem Atemzug zu euch selbst. Achtsam zu sein bedeutet, dass ihr euch spürt, dass ihr lebt, dass ihr fühlt in eurem Körper, was sich ausdrücken will.

Achtsamkeit ist die Gnade, das Leben aus der tiefsten Fülle des Herzens zu erleben und zu leben. Achtsamkeit ist der Moment, wo sich alles im Herzen vereint. Und spürt hinein in diese Kraft der Achtsamkeit. Spürt hinein, was mit euch passiert.

Achtsamkeit ist eure göttliche Präsenz. Und Achtsamkeit ist der Zugang zu eurem Leben, zu eurer Lebenskraft. Und diese Achtsamkeit könnt ihr jetzt wieder erfahren. Könnt ihr spüren, dass die ganze Lebensmüdigkeit erlöst wird und dass ihr immer mehr in die Tiefe geht.

Dass nichts ungeklärt bleibt in dem, was ihr denkt, was ihr fühlt, wie ihr handelt – das ist Achtsamkeit, dass ihr jedes Lebewesen bedingungslos lieben könnt.

Und aus dieser Achtsamkeit könnt ihr mehr und mehr euch erfahren und dürft euch erfahren. Und euer Licht

Achtsamkeit Meditationssymbol

im Herzen breitet sich in eurem ganzen Körper wieder aus mit dieser Kraft der Achtsamkeit.

Ihr werdet ganz neue Erfahrungen machen in eurem Leben mit dieser Einweihung, ganz neue Entdeckungsreisen. Es ist eine Tiefe, die jeder selbst erfahren darf auf der Erde. Achtsamkeit ist die Sprache eures Herzens.

Gibt es Fragen, die ihr habt?

FRAGE: Ich erfahre Achtsamkeit besonders dann intensiv, wenn Wachheit und Stille zusammenkommen. Es sind aber immer wieder Momente da, wo alte Muster diesen Zustand nicht ständig erlauben, und dann wünsche ich mir immer Klärung. Was ist in diesem Augenblick zu tun, wenn alte Muster wieder das Bewusstsein dominieren?

BABAJI: Sie willkommen heißen. Sie willkommen heißen. Wenn es dir bewusst ist, dass es die Vergangenheit ist, die du lebst, dann heiße die Vergangenheit willkommen. Umarme die Vergangenheit, dann hast du Frieden. Dann brauchst du nicht mehr gegen die Vergangenheit zu kämpfen.

Wenn du die Vergangenheit umarmst, ist das die größte Achtsamkeit, die du dir und allen Anwesenden in deiner Vergangenheit geben kannst. Das ist Achtsamkeit.

FRAGE: Vielen Dank für die wundervolle Energie. Ich habe vor Jahren die Schilddrüsen ganz entfernt bekommen, und während der Einweihung jetzt hat sich ganz enorm viel Energie in diesem Kehlbereich gesammelt. Kannst du mir etwas dazu sagen?

BABAJI: Viele Menschen auf der Erde trauen sich oft nicht, ihre Angst auszusprechen. Trauen sich oft nicht, das, was sie nicht mögen, das was sie ablehnen, zu umarmen. Achtsamkeit fordert dich heraus, die Dinge deines Herzens auszusprechen, diese Kraft der Kommunikation zu nutzen. So war da viel Energie gespeichert, die nicht herauskommt, und mit dieser dritten Ebene geht es.

Es geht darum, in Achtsamkeit auch jedes Wort, das ihr sprecht, zu umarmen. Die Wahrheit zu umarmen. Das ist es, was vielen Menschen auf der Erde so schwer fällt.

Deshalb umarmt euch immer, damit ihr euch traut, diese Achtsamkeit ganz in eurem Körper zu erfahren. Alles, was euch hindert, eure Kraft zu leben, umarmt es, dann schenkt es euch die doppelte und dreifache Kraft, und ihr seid ganz.

FRAGE: Oft sprechen wir die Wahrheit unseres Herzens nicht aus, weil wir befürchten, wir könnten andere damit verletzten. Dadurch staut sich dann diese Kraft im Inneren, und zu einem späteren Zeitpunkt kommt sie mit um so größerem Druck heraus.

Wie können wir in dieser Achtsamkeit die Dinge aussprechen, ohne zu verletzen?

BABAJI: Die Wahrheit verletzt nicht. Das, was verletzt, ist das Gefühl, wie es bei dem anderen Menschen ankommt.

Die Wahrheit verletzt nicht. Und wenn du in der Achtsamkeit bist – mit dir, dann erkennst du, wie wichtig es ist, die Worte deines Herzens auszusprechen. Wie wichtig es ist, eine Hilfestellung dem anderen Menschen zu geben, wenn du die Wahrheit deines Herzens kommunizierst.

Es ist oft eure eigene Verletzung, und wenn ihr die umarmt, ist sie frei. Dann hindert euch nichts mehr daran, in Achtsamkeit zu kommunizieren, in Klarheit und in Wahrheit. Das ist der Weg.

FRAGE: Du sagtest gerade, alles, was uns hindert, unsere Kraft zu leben, umarmen. Wie macht man das?

BABAJI: Achtsamkeit ist Bewusstwerdung.

Wenn ihr euch bewusst werdet über die Dinge, die euch daran hindern, frei zu sein, die euch daran hindern, in eure Kraft zu kommen, wenn ihr diese Dinge umarmt, wenn ihr mit ihnen Frieden schließt, sie annehmt und nicht mehr kämpft, geben sie euch dreifach diese Kraft wieder zurück.

Und das ist der Weg der Umarmung: sich diesem, was ihr ablehnt, in Liebe zu stellen und sich damit zu versöhnen und Frieden zu schließen. Das ist es. Dann ist euer Leben in jedem Atemzug ein Wunder, dass ihr das wieder fühlt, bedeutet Achtsamkeit.

FRAGE: Lieber Babaji, du hast uns diese Ebene der Erleuchtung auf die Erde gebracht. Wenn wir jetzt in unser Leben gehen und unsere Prozesse anschauen und die Dinge umarmen wollen, die wir bisher nicht sehen wollten, können wir dich dann darum bitten, zu transformieren, uns zu helfen anzunehmen und ‚Ja‘ zu sagen?

BABAJI: Ihr könnt uns um alles bitten in jedem Atemzug, und dass ihr mehr und mehr lernt und erfahrt, dass euer Leben so kraftvoll ist, dass euer Leben so unbeschreiblich ist, was ihr gewählt habt, dass ihr immer mehr fühlt, dass es zwischen unserer Ebene aus der geistigen Welt und eurer Ebene keine Grenzen mehr gibt. Und diese Achtsamkeit führt euch dahin.

Und meditiert mit dem Mantra Om Namah Shivaya. Es ist eines der Mantren der tiefsten Transformation und der göttlichsten Liebe, die ihr in euch erfahrt, die ihr für euch erfahrt und die ihr nutzen dürft.

FRAGE: Shiva wird ja als der Herr des Yoga beschrieben, also auch als der Herr der Achtsamkeit. Andererseits gibt es so viele Beschreibungen von ihm, die so widersprüchlich sind. Er ist friedlich, aber auch zornig, er ist asketisch und weltabgewandt, aber dann wieder auch weltzugewandt und erotisch. Wie kommt es, dass er diese Widersprüche alle in sich trägt?

BABAJI: Indem er sich allem und jedem gestellt hat. Er wollte alles erfahren. Seine Achtsamkeit hat ihn dazu getrieben, alles zu erfahren, alles auszukosten. Indem er sich dem gestellt hat. Indem er sich für alles geöffnet hat, was das Leben bietet.

Und er hat alles in seiner Totalität durchlebt, erlebt und gelebt. Und das ist die Essenz. Er hat sich in Achtsamkeit dem Leben gestellt. Deshalb gibt es diese vielen Darstellungen. Dass er jeder Kraft nachgegangen ist: des Zornes – da ist ganz viel Kraft da –, der Liebe, und er will mit seinem Handeln den Menschen ihre Kraft näher bringen, um diese Kraft, diese göttliche Kraft, zu nutzen.

FRAGE: Wir haben im Kosmos die männlichen und weiblichen Urenergien. Shiva wird normalerweise als die männliche Urenergie betrachtet. Andererseits gibt es Darstellungen, wo er beides in sich hat: Weibliches und Männliches. Wie können wir das näher verstehen?

BABAJI: Ihr habt alle die männlichen Aspekte in euch und alle die weiblichen Aspekte. Die Kraft der inneren Frau, die Kraft des inneren Mannes zu vereinen, wirklich zu leben aus dieser Kraft von beiden, das ist der Ausdruck. Dass ihr alles vereinen könnt auf der Erde, dass ihr wirklich alle Kraft des Kosmos zur Verfügung habt und sie in euch erfahren könnt, dass sich durch euch die weibliche und die männliche Kraft ausdrückt und dass ihr euch traut, beides zu lieben und beides auch zu leben und integriert, denn so könnt ihr Frieden schließen. Das ist Achtsamkeit: die Kraft eurer inneren Frau, eures inneren Mannes zu vereinen.

FRAGE: Neben dem weiblichen und männlichen Aspekt Shivas hat er auch diesen inneren Aspekt des unendlichen Friedens, den man in tiefster Meditation erfährt als unendliche Glückseligkeit. Aber er hat auch die Kraft der nach außen gehenden Zerstörung. Auch hier ist wieder diese Gegensätzlichkeit zu finden. Wann muss Shiva diese Kraft der Zerstörung aktivieren? Im Kleinen wie im Großen?

BABAJI: Dass etwas Neues entstehen kann, braucht es eine Energie, die transformiert, braucht es eine Energie, die erlöst, und das kann sich in jedem Atemzug vollziehen. Zerstörung ist Transformation, Erlösung, Erneuerung.

Und er hat diese Kraft genutzt, um zu erneuern und auch den Verstand zu erneuern im Herzen.

Und das ist der Weg. Erneuerung und Transformation lassen dich diesen tiefen Frieden im Herzen spüren.

FRAGE: Babaji, mich beschäftigt die Zahl Acht, die in dem Wort Achtsamkeit steckt. Ich frage mich, ob das Symbol der Unendlichkeit – hier die unendliche Liebe oder die unendliche Kraft des Kosmos – in dieses Wort hineinlebt, und meine Frage ist: Kann man dieses Symbol der Acht in den Alltag mit einbringen, um dieses Wort noch zu bekräftigen?

BABAJI: Die Acht ist eine Zahl, die viel erlöst, die transformiert, die Frieden bringt. Dinge transformiert,
emporhebt ins Licht.

Und das ist Achtsamkeit: Alles, was da ist, zu umarmen.

Das ist die Zahl Acht: Eine Verbindung, zwei Kreise, die
miteinander eins werden – sich verbinden. Das bedeutet:
Vergangenheit – Zukunft, Vergangenheit und das Jetzt,
der Partner und du. Und es geht wirklich darum, dass
diese Achtsamkeit ein Symbol des Friedens ist. Und die
Acht transformiert. Sie erneuert, sie löst, sie durchtrennt.

*FRAGE: Viele junge Menschen gehen sehr unachtsam mitei-
nander um. Es ist eine große Gewaltbereitschaft da. Was können
wir den Jugendlichen schicken, ein Mantra oder ...? Was können wir ihnen schicken, um das zu harmonisieren? Ich kann
für mich achtsam sein, kann das auch in meiner Familie mit
einbringen, aber was können wir über dies hinaus tun?*

BABAJI: Indem du das lebst. Indem du deine
Achtsamkeit lebst. Dann kannst du spüren, wie sich dein
Umfeld verändert, dann kannst du erfahren, dass du
nicht alleine bist, dass viele aufwachen, durch deine
Achtsamkeit zu dir und zu deinem Leben und zu jedem
Lebewesen.

Das Wichtige ist, um Achtsamkeit in die Welt zu bringen, umarmt euch. Dass sich die Herzen wieder berühren,

dass sich die Menschen wieder stärken – miteinander sind, und sie wissen, dass sie nicht alleine sind auf der Erde.

FRAGE: Wir benutzen ja gerne Hilfsmittel und Symbole. Und da fiel mir eben das Salomonsiegel ein. Die beiden zusammengeschobenen Dreiecke symbolisieren ja auch die Harmonie zwischen männlicher und weiblicher Energie und in dreidimensionaler Form als Merkaba Männlich und Weiblich.

Und da wollte ich jetzt mal fragen, ob es vielleicht sinnvoll ist, wenn man jetzt Schwierigkeiten hat, dieses Symbol zu benutzen, es sich anzuschauen oder in irgendeiner anderen Form, als Amulett zu tragen?

BABAJI: Es spiegelt euch viele Ebenen. Wenn ihr damit meditiert, wenn ihr euch mit dem dritten Auge darauf einstellt, kann es sehr viel erlösen und euch öffnen für euer Inneres. Wirklich mit dem dritten Auge meditieren damit.

Dann hat es den größten Effekt. Kommt zusammen, und alles verändert sich.

FRAGE: Lieber Babaji, ich habe ein paar Fragen und Gedankengänge. Die erste ist: Die liegende Acht ist die Lemniskate. Hat sie für uns einen praktischen Nutzen im Alltag, als Übung oder Meditationssymbol?

BABAJI: Ihr könnt Dinge, die ihr ablehnt in eurem Leben, eurem Körper, in den einen Kreis legen und euch in den anderen Kreis hineinstellen. Das ist für die Integration. Ja.

FRAGE: Das, was du vorhin über die Acht gesagt hast, erinnert mich auch sehr an das achte Sternzeichen Skorpion, wo es ja auch um Sterbe- und Werdeprozesse geht, um den Phönix aus der Asche und um die Transformation überhaupt.

Außerdem erinnert es mich sehr an die Thematik der Göttin Kali. In unserer Kultur wird sie ja – glaube ich – als die Göttin der Zerstörung gesehen, obwohl das ein Vorurteil ist. Ich bin der Meinung, dass sie die Göttin der Zerstörung der Illusion ist, was ja etwas ganz anderes ist.

Geht es bei Shiva auch um die Zerstörung der Illusion und dabei nicht um eine blindwütige Zerstörung, denn diese wäre ja nicht mit Achtsamkeit in Einklang zu bringen, jedenfalls für unser westliches Verständnis?

BABAJI: Mit jedem Neuanfang, den ihr in eurem Leben geht, ist etwas integriert, was vorher nicht erlöst war. Zerstörung ist Transformation. Zerstörung ist Erneuerung auf allen Ebenen. Wenn ihr von Zerstörung sprecht von Kali, von Shiva, dann ist es eine Aufforderung.

Eine Aufforderung das Alte abzulegen, dass das Neue mit großer Kraft kommen darf. Das ist die Zerstörung von Illusion, von Gedanken.

Und die größte Weisheit ist, dass ihr diese Art der Zerstörung nicht bewertet. Dass ihr diese Kraft nutzt der Erneuerung, und diese Erneuerung bringt Klarheit.

Diese Erneuerung bringt Leichtigkeit – nicht zu verurteilen, zu beurteilen. Aus der Achtsamkeit heraus, war es die Götterkraft, die so gehandelt hat, um neue Lebensformen entstehen zu lassen, um alte Dinge zu durchbrechen. Das, was ihr auch gerade auf der Erde erfahrt.

FRAGE: Die vielen unausgesprochenen Wahrheiten, aber auch die vielen ausgesprochenen Unwahrheiten liegen wie ein lähmender Schleier über der Erde.

Gibt es etwas, um diesen Schleier zu lichten, damit auch wirklich alle Menschen sehen, dass das, was jetzt geschieht auf der Erde, Transformation ist, nicht blinde Zerstörung?

BABAJI: Meditiert mit dem Mantra: Om Namah Shivaya. Gebt diese Kraft dieses Mantras weiter in die Welt.

Es lüftet den Schleier und lässt euch schauen in euer Herz, lässt euch schauen in das Leben.

Gebt dieses Mantra weiter, dass so viele Menschen wie möglich ihre Angst vor dem Schauen ablegen. Om Namah Shivaya.

Om Namah Shivaya

Om Namah Shivaya

Om Namah Shivaya

Erleuchtung und Erleuchtungsebenen

Die zweite Ebene – die Kraft der Liebe

Die Einweihungen dieses Kapitels können bei dir Prozesse in Gang setzen. Gehe daher liebevoll mit dir um. Entscheide dich bewusst für die Einweihungen, bevor du mit dem Lesen dieses Kapitels beginnst.   Natara

Channeling mit Erzengel Michael

ERZENGEL MICHAEL: Meine geliebten Kinder des Lichts, das Bewusstsein von Erzengel Michael ist mit euch und grüßt die Schönheit und die Freiheit in eurem Herzen. Dass ihr immer freier werdet und dass ihr euch immer mehr spüren könnt, das ist die Vision.

Freiheit bedeutet, dass ihr euch spürt. Freiheit bedeutet, dass ihr euch wahrnehmt, und Freiheit ist der Weg, um mit allem in Liebe zu sein.

Freiheit bedeutet, dass ihr euch in jedem Atemzug bewusst werdet, welche göttliche Liebe euch durchdringt. Und diese Kraft der Liebe ist so mächtig. Diese Kraft der Liebe lässt euch unendliche Tore öffnen.

Und die Kraft der Liebe ist der Moment, in dem das ‚Ja‘ zum Leben euch durchdringt. Das ‚Ja‘ zu euch selbst, zu eurer Kraft, zu euren Ängsten, zu allem was ist.

Die Kraft der Liebe zu nutzen und sie gezielt und ohne Bedingung zu nutzen.

Und mit der Kraft der Liebe ist die Erlösung da. Die Erlösung von Leid, von Ängsten, von Zweifeln. Und die Kraft der Liebe ist der Moment, in dem ihr spürt, ihr seid überall zu Hause in eurem Herzen.

Dass ihr euch frei lasst aus den Zwängen, dass ihr euch in jedem Atemzug neu fühlt. Mit der Kraft der Liebe jedes Gefühl durchdringen. Jede Antwort und jede Frage mit der Kraft der Liebe zu fühlen.

Denn die Kraft der Liebe ist das Potential, um den Kosmos und die Erde in euch zu vereinen. In euch zu erlösen, das was erlöst werden will.

Und die Kraft der Liebe macht euch ganz präsent und klar zum Handeln. Aus dem Handeln heraus könnt ihr geschehen lassen. Und das ist die Kraft der Liebe: Aus dem Handeln heraus geschehen lassen, denn das ist der Moment, in dem sich in eurem Leben alles verändert.

Spürt die Kraft, die euch durchdringt, die Kraft der Liebe,

Die Kaft der Liebe Meditationssymbol

die wir für euch jetzt öffnen, um euch einzuladen, an diesem Schritt des Lichtes teilzuhaben. Denn die Kraft der Liebe bringt alles ans Licht und bringt alles ins Licht. Nehmt diese Kraft der Liebe an.

Lasst diese Kraft der Liebe aus jeder Zelle eures Körpers wieder fließen. Lasst jeden Moment in eurem Leben den Moment der Liebe sein. Denn die Kraft der Liebe, sich dessen bewusst zu werden, ist der Moment der Ganzheit, ist der Moment, wo ihr nichts mehr ablehnt, ausgrenzt, verurteilt in euch selbst. Und mit dieser Kraft der Liebe umzugehen, und mit dieser Kraft der Liebe bringt ihr euer Leben zum Strahlen.

Und dann beginnt aus dem Handeln das Geschehen-Lassen. Dann beginnt der Moment, wo ihr euch trefft im Herzen.

Und diese Kraft der Liebe, die euch begleitet von Anfang an, die ihr in euch tragt, zeigt euch euren Mut, euch zu leben, zeigt euch eure Kraft und euren Willen, euer ganzes Potential in diesem Leben zu erfahren.

Und immer wieder melden sich die Zweifel, Erfahrungen aus der Vergangenheit, alte Erlebnisse, doch mit der Kraft der Liebe ist Erlösung da.

Mit der Kraft der Liebe könnt ihr in euch die Schmerzen, die Ängste erlösen und die Tiefe des Lebens annehmen.

Und diese Kraft der Liebe ist ein Erfahrungsfeld, in dem alle Grenzen sich erlösen, in dem das ‚Ich‘ verschmilzt mit dem Ganzen, mit der göttlichen Liebe, und wenn das ‚Ich‘ sich auflöst, erfahrt ihr durch die Kraft der Liebe die Einheit mit allem.

Lasst diese Kraft unendlich werden, denn es ist die Kraft der Liebe, und diese Leichtigkeit ist der tiefe Kontakt zu eurer Seele. Diese Kraft der Liebe bringt euch in das ganze Bewusstsein, was eure Seele mitgebracht hat.

Was gibt es für Fragen?

FRAGE: Lieber Erzengel Michael, ich habe gerade ein Bild vor Augen gehabt von einem riesengroßen Fußballstadion, und alle Menschen waren dort genauso verbunden wie wir hier. Ich würde von dir gerne wissen, was das zu bedeuten hatte?

ERZENGEL MICHAEL: Dass so viele Menschen bereits ihr Herz geöffnet haben und dass sich immer mehr Menschen wieder zusammen erfahren, dass sich immer mehr Menschen im Herzen treffen, um diese Kraft der Liebe über die ganze Erde zu manifestieren, um diese Kraft der Liebe zu leben und dafür zu gehen.

Denn dieses Bewusstsein wird mehr und mehr die Menschen aufwecken. Die Kraft der Liebe wird viele viele Menschen aus dem Schlummerschlaf erwecken.

Und du kannst mit der Kraft der Liebe die ganze Erde erfüllen.

FRAGE: Also, ich habe auch noch andere Bilder gehabt. Brasilien war vor meinem inneren Auge präsent, und auf einmal habe ich einen armen Vorort von Rio gesehen. Ich wusste aber auch, wenn die Liebe dort hindringt, dann löst sich alles ganz einfach auf, und es ist eine wunderschöne Erfahrung, auch dort zu leben.

ERZENGEL MICHAEL: Überall seid ihr zu Hause. Es gibt keine Grenzen, die von Gott gemacht wurden.

Und je mehr Menschen diese Kraft der Liebe erfahren und leben, um so leichter wird das Gleichgewicht wieder hergestellt, dass niemand auf der Erde besser oder schlechter ist. Dass alle gleich sind, und damit löst sich das ‚arm‘ und ‚reich‘ auf, denn im Herzen gibt es das nicht.

Und die Kraft der Liebe kann es erlösen. Die Kraft der Liebe kann euch aus allem herausführen und euch leiten und diese Lichtkraft erfahrbar machen, dass alles durchdrungen wird mit Liebe, mit dieser Kraft der Liebe. Alles.

FRAGE: Lieber Erzengel Michael, es ist eine wunderbare Energie, eine sehr kraftvolle Energie. Heißt das für mich, wenn ich damit arbeite, dass ich meine Prozesse erlösen kann, indem ich mich tiefer kennen lerne, und dass ich das, was ich für mich erlöse, auch für die Welt miterlösen kann?

ERZENGEL MICHAEL: Die Kraft der Liebe erlöst es für dich und beschleunigt die Prozesse und dadurch erlöst du es für ganze Stadien. Und das ist das Wundervolle, dass diese Kraft der Liebe alles durchdringt und ihr euch in euch fallen lassen könnt und mit dieser Energie leicht werdet und gelöst.

FRAGE: Wie haben gerade eine wundervolle Einweihung bekommen und doch fühle ich mich unendlich traurig. Was kannst du mir dazu sagen?

ERZENGEL MICHAEL: Alles wird belichtet. Durch diese Einweihung, die ihr bekommen habt, dass wir diese Kraft der Liebe so stark in euch verankert haben, werden noch Dinge ausgelöst, denen ihr lange keinen Raum gegeben habt, die ganz tief in euch sitzen.

Und wenn Licht hineinkommt, erlöst sich das. Es kann auf der Gefühlsebene sein auf der körperlichen Ebene. Auf allen Ebenen kann das Licht, durch die Stärke der Liebe, sich manifestieren.

FRAGE: Warum fällt es uns Menschen so schwer, die Frequenz der Liebe dauerhaft aufrecht zu erhalten, aber die Frequenz der Angst, der Missgunst oder des Neides, die können wir viel besser halten. Wie kommt das?

ERZENGEL MICHAEL: Durch eure Gedanken und durch Unklarheit. Unklarheit in der ganzen Ahnenreihe. Unklarheit in dem Umfeld.

Das machen die Vergleiche, indem ihr euch mit allen anderen vergleicht, herabsetzt, indem ihr das Groß und Klein von Anfang an miterlebt.

Und dass ihr auch die Kraft der Liebe durch eure Ernährung oft nicht halten könnt. Denn die Ernährung ist so wichtig auch für eure Gedanken. Und je mehr ihr bei euch selbst seid, und mit dieser Kraft der Liebe euch wieder verbindet, umso leichter wird euer Leben und ihr könnt die Ablehnung erlösen.

FRAGE: Diese Kraft dieser Liebe habe ich so wahrgenommen und gefühlt, dass sie einerseits von oben kam, andererseits aber auch von unten kam ...

ERZENGEL MICHAEL: ... ja ...

ANTWORT: ... und dass gar nicht mehr zu sagen war, wo sie eigentlich herkommt und wo sie hingeht. Kannst du uns das bitte erklären?

ERZENGEL MICHAEL: Ja es ist die Verbindung zwischen Himmel und Erde, zwischen dem großen Kosmos und der Erde.

Diese Kraft der Liebe, wenn du sie einmal erfährst, strömt sie aus allen Richtungen zu dir, aus allen Ebenen. Diese Kraft der Liebe kommt aus den tiefsten Schichten der Erde und aus den tiefsten Schichten des Kosmos.

Und du und ihr alle seid der Lenker dieser Liebe. Durch euch kann diese Kraft der Liebe gelebt werden, denn ihr seid die Erde mit dem Körper und ihr seid die Seele mit dem Kosmos.

Und die Kraft der Liebe bringt euch zusammen. Und die Kraft der Liebe lässt keinen Zweifel zu, dass es so ist.

FRAGE: Mein Körper reagiert momentan wieder sehr stark mit Schmerzen. Woran liegt das?

Schlimm ist für mich auch, dass ich in dem Moment die Kraft der Liebe nicht so spüren kann, wie ich sie gerne spüren würde, und auch nicht so weitergeben kann.

ERZENGEL MICHAEL: Es geht um deine Kraft, darum, deine Kraft zu leben. Es geht um deine Verwirklichung und diese Kraft der Liebe anzunehmen. Schmerz ist eine Überenergie. Die Energie kann nicht frei abfließen, staut sich, und mit der Kraft der Liebe kannst du diesen Stau erlösen.

ANTWORT: Erst mal ein Dankeschön, Es geht mir viel besser, es war wie ein Staubsauger, der alles weggezogen hat.

Ich bin im Moment in einer Schmerzklinik. Kann ich den Menschen irgendeine Hilfestellung geben, oder etwas mitbringen vom heutigen Tag, damit sie auch so einen Staubsauger fühlen dürfen, einen Schmerzstaubsauger?

ERZENGEL MICHAEL: Das Wichtige ist, dass sie darum bitten, dass dieser Schmerz erlöst werden darf. Es geht wirklich um das Bitten. Und wenn die Menschen bitten, dann geschieht bereits Heilung und das ist das Wichtige.

FRAGE: Ich möchte an die vorletzte Frage anknüpfen und die Erfahrung, dass himmlische und irdische Energien zusammen-kommen.

Ich hatte über Karneval Krankenhausdienst: Notfalldienst. Gemeinsam mit meinem Bruder. Und ich hatte mir vorher überlegt: Was kannst du tun, damit es diesmal nicht so viel Gewalt gibt im Karneval?

Und ich habe mich schon ein, zwei Tage vor Beginn der ‚tollen Tage' in den Heilkreis gesetzt und mir jeden Tag im Heilkreis gewünscht, dass sich ein goldenes Band der Liebe über der Stadt ausbreitet.

Und das habe ich jeden Tag gemacht und mein Bruder sagte mir am Aschermittwoch, die Polizei hätte gemeldet, sie hätten seit Jahren nicht mehr so einen Karneval erlebt, wo so wenig Gewalt passiert wäre.

Ich konnte das anfangs gar nicht glauben, aber dann habe ich gefühlt, es hatte etwas mit dem Heilkreis zu tun.

Ich möchte mich hier bei Erzengel Michael und der geistigen Welt bedanken, dass es möglich ist, Dinge zu bewegen, die vor-her nicht möglich waren.

ERZENGEL MICHAEL: Alles ist möglich. Mit der Kraft der Liebe, mit der Absicht und mit dem Handeln ins

Geschehen-Lassen. Nicht umgekehrt. Mit dem Handeln ins Geschehen-Lassen. Das ist die Kraft der Liebe.

FRAGE: Lieber Erzengel Michael, ich möchte dich auch ganz offiziell bitten, mich von meinen Regelschmerzen zu befreien. Wenn möglich für immer. Ich habe sie schon lange genug. Danke.

ERZENGEL MICHAEL: Wir werden in diesem Buch an dieser Stelle die Kraft entfalten, dass alle, die den Energiestau zwischen Kosmos und Erde haben, erlöst werden von den Ängsten, von den Schmerzen und von der Angst vor der weiblichen Kraft . Auch das wird erlöst.

OM   OM

Was fühlst du jetzt?

FRAGE: Ich habe mich gefragt, warum meine Schmerzen immer so schlimm waren?

ERZENGEL MICHAEL: Das spielt gar keine Rolle. Das Schöne ist, dass du durch deinen Mut, diese Frage zu stellen, vielen vielen Menschen Erlösung ermöglichst.

Die Kraft der Liebe fragt nicht nach dem Warum und Wieso. Die Kraft der Liebe ist da.

Es ist so wundervoll, was alles möglich ist mit der Kraft der Liebe, was alles ins Bewusstsein kommt, alles erlöst werden will, um ganz frei das Leben zu erfahren, um ganz frei die Schönheit zu erfahren in eurem Leben und das ‚Angekommen sein‘ auf der Erde. Lasst es zu und tragt diese Einweihung in euch.

Mit der Kraft der Liebe seid wach und voller Achtung vor allem.

Erzengel Michael ist mit euch. Seid frei und lasst die tiefe Schönheit in euch hinein. Alles ist möglich auf der Erde.

Erleuchtung und Erleuchtungsebenen

Die sechste Stufe der Erleuchtung – das Loslassen

Die Einweihungen dieses Kapitels können bei dir Prozesse in Gang setzen. Gehe daher liebevoll mit dir um. Entscheide dich bewusst für die Einweihungen, bevor du mit dem Lesen dieses Kapitels beginnst.   Natara

Channeling mit Johannes

JOHANNES: Meine geliebten Freunde, das Bewusstsein von Johannes ist mit euch, um euch mit der Tiefe des Lebens und mit der Tiefe der Erleuchtung zu verbinden, denn Erleuchtung bedeutet, seine eigene Größe zu erkennen und zu leben.

Verbunden zu sein mit der Kraft eurer Seele und in Kontakt zu sein mit jedem Lebewesen, doch vor allem mit euch selbst.

Dass ihr Freundschaft schließt mit euch selbst und dass ihr die Gnade des Lebens immer tiefer erfahrt. Die Gnade, dass sich eure Seele durch den Ausdruck eures Körpers vervollkommnet und dass alle Anhaftungen erlöst werden.

Erleuchtung bedeutet, frei von allem zu sein und in tiefem Kontakt mit euch und mit eurem Herzen.

Wenn ihr Erleuchtung erfahrt, braucht ihr nichts mehr festzuhalten und alle Ängste werden in Liebe transformiert.

Um euch selbst zu finden, könnt ihr alle Konzepte loslassen. Um euch selbst zu erfahren, dürft ihr immer alle Vorstellungen, die ihr von euch habt, loslassen. Dass ihr dort wieder ankommt, wo ihr schon längst seid.

Und das Leben lädt euch ein, immer wieder loszulassen, euch immer wieder von der Vergangenheit in Liebe zu befreien und loslassen.

Und das ist das, was geschieht, um wirklich die tiefe Erleuchtung eures Herzens zu erfahren. In jedem Atemzug loslassen und in Liebe annehmen.

Viele Menschen auf der Erde, gerade in eurem Land, werden gerade mit Loslassen sehr stark konfrontiert, dadurch dass viele Seelen den Körper verlassen, dass viele Menschen ihre Arbeit verlieren und damit den Sinn des Lebens.

Doch das sind alles nur Zeichen, auch um euch wieder die Essenz der Liebe erfahren zu lassen, denn wenn ihr euch so stark abhängig macht von Menschen, von Materie, dann tut das Loslassen weh.

Deshalb ist für viele Menschen die Zeit auf der Erde auch ein starker Todeskampf, weil sie nicht loslassen können, weil sie noch so viel in sich tragen, was nicht kommuniziert wurde.

Doch mit dem Leben, mit jeder Situation, mit jedem Atemzug Frieden zu schließen, das ist Loslassen. Frieden zu schließen ist immer der Beginn von Loslassen.

Und ihr werdet schon in frühester Kindheit an Abhängigkeiten gewöhnt. Auch die ganzen Süchte sind alles Zeichen von unerlöster Trauer und dadurch nicht loszulassen.

Es geht uns nicht darum, euch zu sagen: ihr braucht nicht zu trauern. Doch es ist wichtig, auch diesen Mangel, der damit verbunden ist, zu erlösen. Und mit diesem Mangel Frieden zu schließen und dieses Gefühl von Mangel mit Liebe zu füllen. Das bedeutet auch Loslassen.

Und in wie vielen Beziehungen entstehen Abhängigkeiten durch unerlösten Mangel, durch unerlöste Ängste. Doch wenn ihr wirklich Freundschaft mit euch selber schließt, dann verletzt ihr euch nicht immer selbst in eurem Leben.

In diesem Zustand der Erleuchtung ist die Präsenz nicht mehr eingrenzbar.

Und diese Präsenz erlöst die Gedanken und Zweifel.

Und in dieser Präsenz lässt der Verstand eure Gedanken ruhig werden. Das ist das Loslassen.

Und mit dem Loslassen entdeckt ihr eure ganze Kraft und euer ganzes Potential auf der Erde.

Was gibt es für Fragen?

FRAGE: Dieses Bewusstsein von Weite, das sich einstellt durch Annehmen, Lieben und Loslassen und alles gleichzeitig, ist es einer bestimmten Ebene zuzurechnen, oder ist es in allen Ebenen präsent?

JOHANNES: Es ist in allen Ebenen präsent und doch ist es auch eine Phase und eine Ebene der Erleuchtung.

In welcher Ebene habt ihr die größte Resonanz?

ANTWORTEN: Sieben.

Ich fühle die sechste.

JOHANNES: Ja.

FRAGE: Du hast von der Abhängigkeit in der Partnerschaft gesprochen. Ich bin im Moment auf dem Weg mich selbst zu

Loslassen Meditationssymbol

leben und sehe, dass in der Partnerschaft und in der Familie alles zusammenbricht. Dann schleichen sich die Zweifel wieder an: Darf ich das überhaupt? Ich fühle, dass es richtig ist für mich, und das gibt mir die Kraft, und dennoch klammert der Partner und auch die Kinder sehr.

Wie kann ich das einfach geschehen lassen, und wie kann ich vielleicht aber auch ein Stück weit helfen, dass es meinem Mann und meinen Kindern leichter fällt?

JOHANNES: Sie werden durch deine Freiheit mit ihren Ängsten konfrontiert. Wenn du den Weg weitergehst, werden sie auch frei. Wenn du dich umdrehst und für sie dich veränderst, ist es nicht dein Weg.

Freiheit beginnt da, wo die Liebe anfängt – die Liebe zu dir selbst. Und das lässt dich tief in eine Kraft der Vergebung kommen und je freier du wirst, um so mehr können auch in deinem Umfeld alte Verletzungen hoch-kommen. Und das Festhalten, diese neue Energie nicht ertragen zu können, und wenn du weitergehst, entsteht aus dem Zusammenbruch ein Neubeginn.

ANTWORT: Danke.

FRAGE: Du hast gesagt, dass es wichtig ist, Freundschaft mit sich selbst zu schließen. Das heißt für mich, authentisch zu sein und bei mir zu sein.

Ich habe mich getrennt. Für mich in dem sicheren Gefühl, dass auf der irdischen Ebene gar keine Form des Miteinanders lebbar ist. Für lange geprüft und unter dem Segen der geistigen Welt getan.

*Jetzt habe ich gestern ein Geschenk bekommen von der geisti-
gen Welt. Ein wunderbares Medium, das den Kuthumi gechannelt hat, sagte zu mir zu diesem Thema der Trennung meiner
Partnerschaft, wiederholt: 'Wirf diese Freundschaft zu diesem
Mann nicht weg'. Er hat es nicht nur einmal gesagt, er hat es
wiederholt.*

*Es hat mir den Boden unter den Füßen weggezogen und ich
wusste gar nicht, wie mir geschah, weil das doch nicht das war,
was ich gespürt hatte. Für mich war wichtig; es ist wichtig, auf
der irdischen Ebene eine Trennung zu vollziehen.*

*Was machen wir mit einem solchen Geschenk, wenn du sagst:
Freundschaft mit euch selbst, und die geistige Welt sagt etwas,
was konträr scheint? Wie finde ich meine Treue zu mir?*

JOHANNES: Du kannst nur eine ehrliche Partnerschaft
leben, eine ehrliche Beziehung, wenn du Freundschaft zu
dir selber schließt. Wenn du dir untreu bist, bist du auch
in der Beziehung untreu.

Freundschaft bedeutet, ein Vertrauen aufzubauen, und
gerade bei Trennungen ist es wichtig, das Vertrauen in
euch selbst nicht zu verlieren. Und auch das Vertrauen in
den Partner, dass er es schafft diese Trennung zu erfahren.

Und wenn du mit dir in Freundschaft lebst, gehen
Erwartungen, wie du dich verhältst. Und bei jeder
Trennung ist es wichtig, dass ihr den Kontakt zu euch
selbst haltet, zu eurem inneren Mann, zu eurer inneren
Frau.

Jede Trennung ist ein Neubeginn, wenn sie euch zeigt, wo ihr steht, und euch erinnert an Schmerzen, alte Trennungen, die noch nicht erlöst sind. Doch wenn ihr loslasst in jedem Atemzug, braucht keine Trennung schmerzhaft zu sein. Das was schmerzt, ist die Vergangenheit, die Vorstellung und die Erwartung.

FRAGE: Bei meiner Schwiegermutter kommt in Augenblick ganz viel alte Traurigkeit hoch, die sie ihr ganzes Leben lang nicht ausdrücken und leben konnte und die sich jetzt lösen will. Sie verliert aber auch ihre innere körperliche Kraft. Wie kann sie da gut hindurch gehen und wie können wir ihr helfen?

JOHANNES: Indem ihr ihr das Vertrauen gebt, dass es eine ganz große Chance ist, Frieden zu schließen und dass sie auch Frieden schließt mit ihrer Vergangenheit, denn jede Träne ist ein Zeichen der Liebe zum Körper. Über den Schmerz, den sie erlebt hat, zu kommunizieren, und dadurch werdet ihr frei.

FRAGE: Lieber Johannes, mein Herz grüßt dich. Das Thema Mangel ist in meiner Familie, bei meinem Mann, bei meinen Kindern und bei mir auf vielfältige Weise immer wieder zum Vorschein gekommen.

Während deiner Energie durfte ich eben diese Kraft spüren, und ich war in meinem ganzen Leben noch nie so satt. Es ist gar nicht zu beschreiben, wie schön das ist. Und dieses Gefühl, was uns zu Hause immer wieder blockiert, sei es, dass ein Kind Liebe mangelt, obwohl Liebe im Überfluss fließt, sei es am Materiellen, oder dass sie gerne in Urlaub fahren würden und es ist einfach nicht möglich. Es ist ja nicht schlimm, wenn man nicht in

Urlaub fahren kann, aber, wenn man dies als Mangel empfindet, dann ist es schlimm.

Und ich würde diese Kraft gerne mit nach Hause nehmen. Kannst du mir da etwas raten?

JOHANNES: Ihr seid in einem Land geboren, wo es euch an nichts mangelt. Sobald ihr eine Einschränkung in eurem Leben erfahrt, entsteht dieses Mangelgefühl, und manchmal bewahrt euch diese Einschränkung gerade davor, etwas zu tun, das gar nicht förderlich ist.

Dass du deinen Körper immer liebst, denn er ist der Tempel deiner Seele, er ist der Türöffner für den Weg der Seele. Und der Seele ist es egal, ob sie in Urlaub fährt oder nicht, sie ist ständig auf Reisen – ständig. Es sind die Erfahrungen, die euch in Abhängigkeiten bringen.

Doch wenn du diese Einweihung, die du heute erfahren hast, in dieser Intensität in dir trägst, wirst du in jedem Atemzug die göttliche Fülle erfahren.

FRAGE: Wie kann ich es schaffen, durch diese wunderbare Einweihung, diese so genannten Kodierungen, die jeder mit sich rumträgt, die auch tief eingebrannt sind, die alten Verhaltensmuster, die z.B. auch den Mangel bedingen, wirklich loszulassen?

Wie kann ich den jetzigen Zustand beibehalten, dass ich nicht immer wieder zurückfalle in den alten Zustand. Wie kann ich das wirklich loslassen? Ich habe das nämlich schon sehr oft probiert. Leider ohne Erfolg.

JOHANNES: Indem du dir bewusst wirst, dass euer Körper auf der Erde die Fülle der Seele ist, und diese göttliche Fülle dürft ihr empfangen. Alle.

Und wir haben durch diese Einweihungen ganz viele alte Programmierungen gelöscht – in euch. Und dadurch auch in jedem Menschen, der dieses Buch erfährt. Denn für alle Lebewesen ist der göttliche Weg der Fülle bereitet. Für alle.

FRAGE: Ihr habt mich freundlicherweise schon gestern auf das Thema vorbereitet. Vielen Dank. Ich hatte den Impuls, die Essenz ,Loslassen' einzunehmen und in ihr zu baden. Als Folge davon spüre ich heute ein Gefühl von Traurigkeit, was bereits heute morgen begonnen hat. Die Ursache hat sich aber nicht gezeigt, sondern es war sehr diffus. Wie wichtig ist es, dass ich die Ursache kenne, damit es sich auflöst?

JOHANNES: Die Trauer ist schon ein Zeichen der Auflösung. Die Trauer ist ein Zeichen dafür, dass das Alte erlöst wird, dass das Licht immer mehr in dir an Kraft gewinnt.

Und heiße diese Trauer willkommen, denn in der Trauer und hinter der Trauer und vor der Trauer ist ganz viel Licht.

FRAGE: Ich arbeite in einer Behörde, in der sehr viele Machtstrukturen gelebt werden. Ich war jetzt vier Wochen nicht in dieser Behörde. Bin seit Montag wieder da und stelle fest, wie weh mir das tut, zu sehen wie mit Menschen umgegangen wird. Gibt es Möglichkeiten, positiv Einfluss zu nehmen – oder ist mein Part eher auszuhalten?

JOHANNES: Je lichter und je stärker du wirst, umso mehr bringst du dort Licht rein. Und du bewirkst dort mit deiner Kraft schon sehr viel, auch wenn es noch nicht nach oben kommt. Du strahlst dort und lässt die Liebe fließen und das braucht es, um diese Machtstrukturen mit Liebe zu erlösen.

Euer Leben ist so gesegnet. Geht den Weg eurer Seele und wisset, die göttliche Fülle ist immer mit euch. Immer. Das Bewusstsein von Johannes stärkt euch. Und fühlt euch getragen vom Leben.

Erleuchtung und Erleuchtungsebenen

Die vierte Erleuchtungseinweihung –
die göttliche Vision

Die Einweihungen dieses Kapitels können bei dir Prozesse in Gang setzen. Gehe daher liebevoll mit dir um. Entscheide dich bewusst für die Einweihungen, bevor du mit dem Lesen dieses Kapitels beginnst.   Natara

Channeling mit Erzengel Michael

ERZENGEL MICHAEL: Meine geliebten Kinder des Lichts, das Bewusstsein von Erzengel Michael ist mit euch und grüßt eure Herzensvision. Ihr dürft immer mehr in eure Kraft kommen, braucht euch nicht mehr klein zu fühlen auf der Erde.

Euer ganzes göttliches Potential zu leben, eure göttlichen Visionen, die ihr alle mitgebracht habt auf die Erde, wieder zu entdecken und wieder zu lieben.

Die göttliche Vision der Liebe ist Freiheit in jedem Atemzug, ist bedingungsloses Vertrauen in alles, was ist, und zu erkennen, wie wichtig es ist, eure ganze göttliche

Kraft und euer ganzes göttliches Potential auf der Erde zu erfahren. Eure göttliche Vision ist das Erkennen, dass alles eine göttliche Ordnung der Liebe erfährt, was auf der Erde ist. Und diese göttliche Vision, die in allen ist – in allem – könnt ihr erfahren durch die Kraft des Lebens.

Die göttliche Vision ist das ständige Erschaffen und das ständige Loslassen. In jedem Atemzug erschafft ihr eine neue Erde und lasst die alte Erde los. Und dies ist die vierte Erleuchtungseinweihung: Es geht um die göttliche Vision, um die göttliche Kraft, die ihr alle in euch tragt, auf der Erde zu manifestieren. Dass ihr das vollendet, was ihr mitgebracht habt auf die Erde: eure Göttlichkeit. Und die göttliche Vision ist gleichzeitig die Befreiung vom Alten, denn diese göttliche Vision grenzt nichts aus.

Und in dieser göttlichen Vision offenbart sich der ganze Kosmos auf der Erde. Alles zu leben, und eure Lebenskraft spüren. Und eure göttliche Vision hält alles für euch bereit, um das Leben in seiner tiefsten Kraft und tiefsten Klarheit, Freiheit und Fülle zu erfahren. Diese göttliche Vision ist jenseits von einer Vorstellung. Und ihr bekommt die Energie übertragen in diesem Augenblick von eurer göttlichen Vision, von eurem göttlichen Handeln auf der Erde, alles anzunehmen, was ist.

Die göttliche Vision Meditationssymbol

Spürt hinein, welche Kraft euch zuteil wird. Welche göttliche Vision ihr alle in euch tragt. Und dass ihr euch ganz bedingungslos dieser göttlichen Vision hingeben dürft. Und je mehr ihr euch fühlt, um so leichter wird euer Leben.

Je mehr ihr eure göttliche Vision erkennt, wie in diesem Augenblick, um so mehr übernehmt ihr die Verantwortung für euer Handeln, für eure Kraft, für euer Sein auf der Erde.

Dass ihr euch in euch fallen lassen könnt, das braucht es, um eure göttliche Vision wirklich zu erfahren. Dass ihr euch einlasst auf euch, auf euer Leben, auf eure Tiefe des Lebens. Und nehmt diese Kraft an, die euch in diesem Augenblick zuteil wird.

Ihr könnt so viel in euch entdecken und so viel in euch annehmen mit der göttlichen Vision und diese Gnade auf der Erde manifestieren. Und eure göttliche Vision ist frei von Dogmen, frei von Unterdrückung. Sie ist frei von Schuld.

Gibt es Fragen, die ihr habt?

FRAGE: Lieber Erzengel Michael, heißt das in anderen Worten, dass du uns, jeden von uns, mit unserer Herzensvision verbunden hast?

ERZENGEL MICHAEL: Die göttliche Vision ist die Uressenz, die ihr alle in euch tragt. Die Essenz von eurer Seele, von eurem höchsten Bewusstsein und die Essenz von Freiheit. Und die göttliche Vision enthält nur Geschenke für euch. In jedem Atemzug Geschenke. Und dass ihr sie annehmt. So viele Menschen erkennen diese Geschenke nicht. Dass ihr sie in Achtsamkeit annehmt und integriert in euer Leben.

FRAGE: Bedeutet das, dass jeder von uns seinen Seelenauftrag voll und ganz leben kann?

ERZENGEL MICHAEL: Es ist, dass sich Körper und Seele in voller Kraft vereinen und dadurch wird auch das Seelenbewusstsein frei. Alles das Wissen, was die Seele mitgebracht hat, kann dadurch wieder ins Bewusstsein kommen. Und das zu erkennen, dass das Wissen der Seele keinen Raum und keine Zeit kennt.

FRAGE: Erzengel Michael, du hast gesagt, dass die wahre Freiheit dann kommt, wenn man alles annimmt, wie es ist. Ich merke, dass ich mich auf diesem Satz oft ausruhe, weil ich mich vor Konfrontationen scheue. Aber die Dinge die mich ärgern oder verletzen, die kann ich nicht so lassen wie sie sind. Wie gehe ich damit um?

ERZENGEL MICHAEL: Das Wichtige ist, nichts abzulehnen, nichts zu verurteilen. Wenn du diese Phase des Ausruhens annimmst, gibt es dir viel mehr, mehr Kraft, als wenn du dagegen kämpfst oder denkst, was du so hättest machen müssen. Wenn ihr irgendwas bewertet, bewertet ihr immer euch selbst. Und die Dinge des Ärgers, der Wut sind immer ein Zeichen, auch ganz in eure Kraft zu kommen. Nichts mehr auszulassen, nichts mehr runter zu schlucken, alles anzunehmen. Das macht dich frei, und das lässt dich mit dem Ärger und mit der Wut ganz anders umgehen. Dass du auch da Frieden schließt mit dir. Dass Wut und Ärger da sein können, denn das ist sehr nützlich, denn sie zeigen dir auch, wo du stehst im Leben.

Die Essenz dieser göttlichen Vision ist, dass ihr euch offen und ehrlich und authentisch in die Augen schaut und kommuniziert. Dann kommt gar kein Ärger auf, weil ihr durch den Kontakt der Augen wirklich spürt, was euer Gegenüber spricht. So viel Ärger kommt auf, weil ihr gar nicht hört, was euer Gegenüber spricht, sondern das aufnehmt, wie ihr es hört und nicht, was ihr hört.

FRAGE: Im Moment erlebe ich eine Zeit, in der Frauen, ganz speziell Frauen, gefordert sind. Ich erlebe es, dass Frauen schein-schwanger sind. Da habe ich eine Frage dazu. Bei einer normalen Schwangerschaft vertikalisieren sich ja die Chakren sofort. Ist das bei einer Scheinschwangerschaft auch so? Und wenn ja, warum sind die Frauen jetzt so häufig scheinschwanger? Und viele Frauen haben Eierstocktumore. Ich habe das Gefühl, dass die Frauen im Moment ganz besonders an etwas Neues herangeführt werden. Kannst du mir dazu was sagen?

ERZENGEL MICHAEL: Es geht um die Heilung. Die Heilung der Frau. Die Heilung der inneren Frau und die Kraft, die Urkraft. Und dieses auf der Erde zu leben, daran geht jetzt kein Weg mehr vorbei, denn die Energie wird stärker und stärker, um das Unerlöste zu erlösen und um alles in Liebe zu transformieren.

Scheinschwangerschaften entstehen durch die Nichtannahme der weiblichen Energie, Nichtannahme der weiblichen Kraft. Ein Hinweis, dass die Kraft der Frau sich neu gebären darf, sich entfalten darf und sich annehmen darf. Und es geht nicht mehr, diese Energie der weiblichen Kraft zu unterdrücken.

Und es entsteht Eierstockkrebs durch aufgestaute Energie, durch nicht gelebte Energie. Und es geht darum, diese Kraft der Sexualität zu leben auf der Erde, diese zu nutzen und diese auch zu erfahren. Dass diese Unterdrückung zwischen Mann und Frau aufhört, dass Mann und Frau gleichwertig sich begegnen, um in Frieden zusammen zu sein.

Es geht bei diesem Krebs um Anerkennung, dass sie sich anerkennen, ihre Kraft anerkennen, sich selbst lieben, und dass sie ihre Gefühle nicht einfrieren, dass die Energie frei fließen kann. Und das geschieht zur Zeit im ganzen Kollektiv, dass die Unterdrückung erlöst wird.

*FRAGE: Ich bin der Meinung, dass ich eine vergrößerte Gebär-
mutter habe, und möchte dich bitten, mitzuhelfen, in meine
Kraft zu kommen, sowie auch anderen Frauen, die in der glei-
chen Lage sind. Und vielleicht gibt es da auch spezielle Ursachen,
die dazu geführt haben.*

ERZENGEL MICHAEL: Mit dieser Einweihung in die
göttliche Vision, die ihr bekommen habt, erlöst sich die
Unterdrückung und ihr kommt alle in eure Kraft. In eure
weibliche Kraft, in eure männliche Kraft. Alle.

Doch das Wichtige ist, dies auch auszuhalten. Diese Kraft
auszuhalten, auch wenn es Konfrontation gibt in eurem
Umfeld.

Wirklich diese Kraft in euch zu tragen und sie zu spüren,
dann lebt ihr eure göttliche Vision. Und dann kann auch
deine Gebärmutter in deinem Körper normal sein und
die aufgestaute Kraft, die aufgestaute Energie kann sich
im ganzen Körper verteilen.

*FRAGE: Ich habe letztens von dem peruanischen Heiler Viercho
gehört, dass die Lebenskraft bei Männern und Frauen über dem
Bauchnabel sitzt und dass dort eine Energielinie besteht und
dass diese Linie besonders bei Frauen geschwächt oder unterbrochen ist und dass das oft zu Krankheiten führt. Kannst du
dazu etwas sagen?*

ERZENGEL MICHAEL: Durch die Unterdrückung der
Lebenskraft, durch die Unterdrückung der weiblichen

Energie, wird auch dort in diesem Bereich wenig Energie fließen. Diese Linie ist auch die Kraftlinie eurer Seele. Doch wenn ihr eure Kraft der Seele ganz lebt, ist dieser Strom immer voll. Wenn die Energie eingefroren wird, ist der Strom leer und versiegt. Und dort, wo keine Energie fließt, entstehen Staus und entstehen Unausgeglichenheiten, die sich dann in dem Körper manifestieren können.

FRAGE: Kannst du diese Linie bei uns jetzt reinigen und stärken?

ERZENGEL MICHAEL: Das ist gerade bereits geschehen.

FRAGE: Die göttliche Vision eines jeden, ist das die bedingungslose Liebe und die Freiheit, oder gehören dazu auch ganz konkrete Aktivitäten, wie z.B. das Kinderkriegen oder der Bau eines Hauses oder der Aufbau einer Ökofarm oder ..., also etwas, was ein Einzelner mitbringt, wenn er auf die Welt kommt?

ERZENGEL MICHAEL: Die göttliche Vision ist das, was jeder Mensch, was die Seele durch den Körper manifestieren will, was die Seele durch den Körper zum Ausdruck bringen will.

Da gibt es die kollektive göttliche Vision, von Liebe, von Freude, von Gemeinschaft, von Teilen, von Achtsamkeit, vom Getragen-Sein vom Göttlichen. Und da gibt es die Vision, die ganz speziell die Seele mitbringt, um mit ganzer Kraft durch den Körper das zu manifestieren. Dazu gehören die Vereinbarungen der Seelen, die zu euch kommen, dazu gehört der Auftrag im Leben. Doch es ist wichtig, diese Vereinigung. Und nur wenn die Seele sich in ihrer Globalität in ihrer Gemeinsamkeit entfalten kann, so kann sie sich auch im Einzelnen entfalten.

FRAGE: Es kostet mich viel Mut, aber es liegt mir am Herzen, dich noch mal speziell um deinen Segen zu bitten für die neue Partnerschaft, die gelebt werden könnte zwischen Mann und Frau.

Ich habe manchmal das Gefühl, es hapert daran, dass gerade in unseren Breitengraden Männer so viel Angst vor der Kraft der Frau haben und diese Kraft des Herzens, die gerade Frauen haben, als Bedrohung empfinden anstatt an sie zu glauben.

Meine Bitte geht also dahin, dass du etwas auf der Herzensebene bewirken kannst, dass da Mut ist und das Neue leichter zugelassen werden kann, damit diejenigen unter uns, die in Partnerschaften leben, diese leichter leben können, und diejenigen unter uns, die eine finden möchten, eben eine solche gerade beschriebene finden und nicht wieder die alten Muster leben. Muster z.B. in dem Sinne von: ‚Wer hat mehr Macht'.

Ich danke dir.

ERZENGEL MICHAEL: Auch das wird mit dieser Einweihung sich völlig verändern. Völlig.

FRAGE: Hallo Michael, gibt es etwas, was wir tun können, wenn es uns noch nicht sofort auf Anhieb gelingt, gestaute Energien aufzulösen und zu leben? Zum einen ganz persönlich für uns, und was gibt es zu tun, um im Kollektiv was zu wandeln?

ERZENGEL MICHAEL: Das Allergrößte ist, den Mut zu haben, die Kraft zu zeigen. Den Mut zu haben, diese Kraft nicht mehr zu unterdrücken.

Diese geschieht durch Annehmen, durch Achtsam sein und durch Wahrnehmung. Euch selbst wahrzunehmen, ist der erste Schritt.

Viele Menschen können sich nicht mehr wahrnehmen auf der Erde, weil sie so viele Mauern aufgebaut haben.

Doch wenn ihr euch wahrnehmt in eurem Körper als Frau, als Mann, wenn ihr die Energie durchfließen lasst, transformiert sich jeder Stein in Liebe und alles erlöst sich. Das ist das Wichtige, dass die Veränderung stattfindet im Bewusstwerden, und dann kann die Mauer zwischen dem Inneren und Äußeren, die aufgebaut wurde, in Liebe gehen und euch daran teilhaben lassen, das Innen und das Außen in euch zu vereinen.

Und dann verändert sich alles. Wenn diese Trennung nicht mehr da ist, verändert sich alles in eurem Leben. Und das ist die göttliche Vision. Die Veränderung, die jetzt so stark auf der Erde passiert, zulassen. Und dass ihr in eurer Kraft bleibt, darum geht es.

FRAGE: Du hast gesprochen von der Veränderung, die jetzt auf der Erde stattfindet. Die Grundlage dieser Veränderung ist ja die göttliche Vision der Erdenseele. Kannst du uns noch tiefer in *diese Vision der Erdenseele einweihen, die wir hier alle auf der Erde jetzt sind.*

ERZENGEL MICHAEL: Spürt hinein in diese Kraft, wenn die kosmische Seele in den Körper kommt. Die Kraft der kosmischen Seele auf die Erde zu bringen, um sich zu verbinden mit der Erdenergie, um diese Kraft der Erde zu schenken. Die Liebe, die kosmische Liebe der Erde zu manifestieren. Und diese Kraft ist da. In diesem Augenblick. Erkennt diese Stille. Diesen göttlichen Glanz in die Freiheit, mit der ihr hier auf die Erde gekommen seid. Und die Freiheit, mit der ihr von der Erde gehen könnt, wenn ihr es zulasst.

Erzengel Michael begleitet euch auf dem Weg zur Erde und auf dem Weg nach Hause. Nutzt eure Kraft zum Leben und seid achtsam in jedem Atemzug. In jedem.

Erleuchtung und Erleuchtungsebenen

Die siebte Ebene: Präsenz heilt

Die Einweihungen dieses Kapitels können bei dir Prozesse in Gang setzen. Gehe daher liebevoll mit dir um. Entscheide dich bewusst für die Einweihungen, bevor du mit dem Lesen dieses Kapitels beginnst.   Natara

Channeling mit Erzengel Michael

ERZENGEL MICHAEL: Meine geliebten Kinder des Lichts. Das Bewusstsein von Erzengel Michael ist mit euch und grüßt die Liebe und die Wahrheit in eurem Herzen. Denn eure Wahrheit auf der Erde zu leben ist die größte Erleuchtung, die ihr auf der Erde erfahren könnt.

Eure Wahrheit des Herzens zu manifestieren. Nicht mehr zu spielen, einfach da zu sein, mit allem was ist. Und dieses anzunehmen und vertrauensvoll damit zu sein. Einfach anzunehmen und vertrauensvoll damit zu sein.

Dass ihr euch mehr und mehr auf das Wesentliche vom Leben einlasst, und das ist, mit eurem Körper Frieden zu schließen, mit der Kraft des Göttlichen, die durch euch fließt, Frieden zu schließen und es zuzulassen, um euch ganz auf der Erde zu manifestieren, dass ihr euch in jedem Atemzug mit Demut und Dankbarkeit begegnen könnt. Das ist Freiheit.

Wenn ihr euch Ausdruck verleiht. Wenn ihr euren Schmerz zulasst, euer Lachen zulasst, eure Glückseligkeit zulasst. Alles, was da ist, anzunehmen.

Das ist einfach SEIN. Dasein. Das ist die siebte Manifestation der Erleuchtung.

Präsent sein in jedem Atemzug: Mit euch selbst. Mit euch mit dieser Klarheit. Mit dem, was ist, zu sein und das zu fühlen und gar nichts mehr zu bewerten. Zu fühlen und zu sein. Nichts mehr zu beurteilen. Präsenz. Und diese Präsenz heilt. Heilt eure Länder, eure Familien, eure Kinder. Diese Präsenz ist das Wichtige.

Und diese Einweihung bekommt ihr heute, um achtsam und in Leichtigkeit euer Leben zu manifestieren. Das alles, was ist, ist, und dass ihr damit was verändert auf der Erde.

Dass ihr die Demut des Göttlichen erfahrt, ist alles, was da ist, anzunehmen und eure Kraft wird dadurch stärker und stärker. Eure göttliche Kraft ist so unermesslich groß und

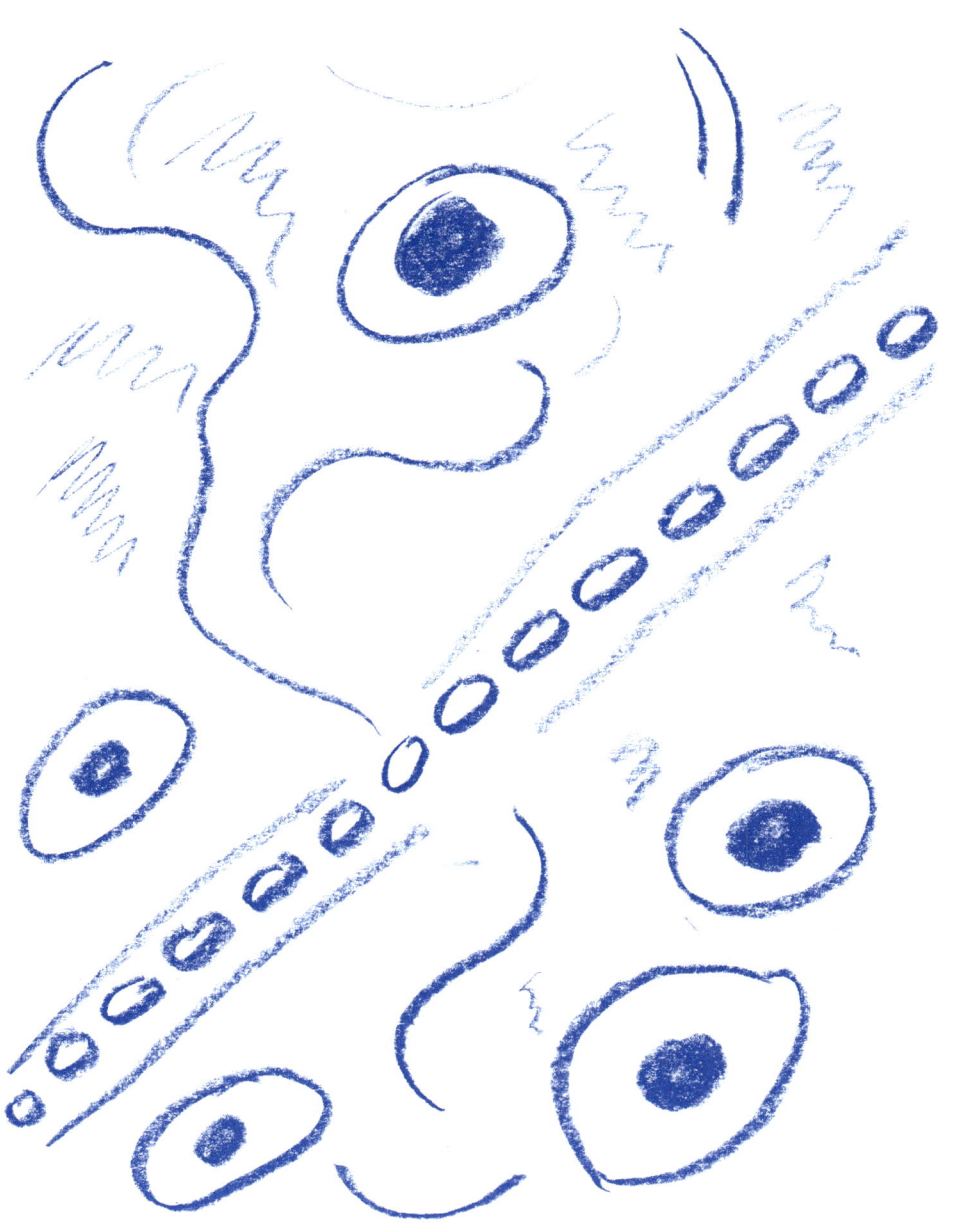

Präsenz Meditationssymbol

wird mit jeder Einweihung wieder neu manifestiert in euch. Dass ihr euch wirklich dem Leben auf der Erde hingeben könnt. Liebevoll, frei und authentisch, und jetzt spürt hinein in diese Präsenz, in jedem Atemzug mit euch zu sein. Euch wahrzunehmen, euch zu erkennen, mit allem, was ist, zu feiern.

Nehmt diese Einweihung an und schließt Freundschaft mit allem, was ist. Hört in diese Kraft, welche manifestiert ist. Und mit dieser Kraft findet auch Erlösung statt und Freiheit und Stille.

Wenn ihr es zulassen könnt, wenn ihr wirklich ganz eintauchen könnt, in euch eintauchen, in euch hineinhorchen. Euch spüren, euch selbst, ist der wichtigste Schritt zur Befreiung.

Macht euch von nichts abhängig, und geht immer tiefer in eure Liebe. Und die ganzen Abhängigkeiten zu eurem Partner, zu eurer Arbeit, können euch oft daran hindern, dass ihr euch spürt. Deshalb erkennt dieses Geschenk und die Gnade, diese Einweihungen zu bekommen, um ganz tief mit euch zu sein. Um ganz tief euch zu erfahren und eure Kraft, auf der Erde zu leben. Das ist Präsenz in jedem Atemzug. Authentisch euch zu spüren.

Gibt es Fragen?

FRAGE: Erzengel Michael, „Mir war als hätte der Himmel die Erde sanft geküsst'. Das ist eine Zeile aus einem Gedicht. In dieser Einweihung spiegelt es meine Empfindungen.

Die Zahl Sieben, die siebte Stufe der Einweihung, die wir heute bekommen haben, die Zahl Sieben ist eine heilige Zahl und in der Meditation, die ich vor vielen Jahren erlernte, spricht mein Meditationslehrer von sieben Bewusstseinsstufen. Und ich hatte das Empfinden, dass diese Einweihung auch eine Resonanz hat mit dem siebten Chakra. Dass sie uns öffnet für die kosmischen Energien. Dadurch fällt es immer leichter, einfach diese höheren göttlichen Energien fließen zu lassen.

Und in meiner Arbeit, wenn Kinder in die Praxis kommen, ist es mir oft, als würden sie eine Hilfe darstellen, dass auch wir Erwachsene immer mehr in unsere Authentizität finden. Die Kinder bringen so viel von dieser Offenheit nach oben mit. Sie haben auch eine Beziehung zur Sieben.

Zu diesem Kronenchakra, das ja auch bei den Neugeborenen als die offene große Fontanelle ein Zeichen der Verbindung mit dem Kosmos darstellt. In welcher Weise spielen die Kinder bei dieser Einweihung eine Rolle?

ERZENGEL MICHAEL: Kinder sind frei. Sie sind in jedem Atemzug verbunden. Sie sind in jedem Atemzug präsent. Sie spüren, sie fühlen, sie handeln aus dieser Präsenz heraus und diese siebte Ebene, diese siebte Einweihung, ist wieder eine Öffnung, ist eine Kraft, die euch auch mit vielem ohne Worte kommunizieren lässt.

Wenn du sprichst: ‚der Himmel küsst die Erde', so bedeutet das, alles vereint sich in dir. Alles. Und spürt in die Mitte eures Kronenchakras. Nehmt mal eure Finger an euer Kronenchakra. Tastet mal euer Kronenchakra ab. Da ist eine Vertiefung hineingekommen mit dieser Einweihung. Eine Öffnung, eine spürbare Manifestation in eurem Kronenchakra, und das ist die Öffnung zum Kosmos und zur Erde. Diese göttliche Präsenz in jedem Atemzug zu fühlen, in jedem Atemzug zu manifestieren, zu leben.

Eine Verstärkung. Eine Anbindung an die Erde und an den Kosmos.

ANTWORT: Lieber Erzengel Michael, Avytaba grüßt die Göttlichkeit in dir. Mir gehen so denkwürdige Gedanken durch den Kopf. Einer aus unserer Gruppe hat bereits den Anstoß gegeben mit der Zahl Sieben. Heute ist Siebenschläfer, der 27. Juni 2006. Mein Opa Johannes wäre heute 107 Jahre alt geworden. Also es ist wirklich sehr ein denkwürdiger Tag.

Ich möchte erst mal der geistigen Welt danken für diese wundervollen warmen Sommertage, die für mich eine Entschädigung für den furchtbaren Winter sind, der ja unter anderem auch durch ‚Chemtrails‘ manipuliert war. Und im Moment genieße ich diese Wärme.

ERZENGEL MICHAEL: Dank eures großen Festes, was ihr in eurem Land habt. Dank dem Fest, dass ihr Sonne habt. Ja. Danke dem großen Fest.

ANTWORT: Ja. Vielen Dank. Ein großes Fest des Geistes und des Herzens.

Wo ich eigentlich drauf hinaus wollte: Der Siebenschläfer hat ja mit dem Wetter zu tun. Vor einiger Zeit hat mir die geistige Welt eingeflüstert, ich weiß nicht, wie ich sonst darauf gekommen wäre, die wundervollen Salzkristalle aus dem Himalaya, die von Natara auch energetisiert worden sind und durch den gesamten Heilkreis von Erzengel Michael und Anjascho. Solche Kristalle in die Gewässer der Erde zu geben.

ERZENGEL MICHAEL: Ja.

ANTWORT: Und ich habe Anfang Juni einen in den Rhein getan und einen in die Nahe. Dann war ich auch noch in Norddeutschland und ich habe einen in der Lüneburger Heide in die Örtze getan, die ja in die Aller fließt, und die wiederum fließt in die Weser und die fließt in die Nordsee.

Ich weiß jetzt nicht, ob es eine Einbildung von mir ist, aber ich habe jedes Mal gemeint zu beobachten, dass sich die Wetterlage sofort verbessert. Natürlich nicht nur deswegen. Viele leisten Lichtarbeit und das trägt alles dazu bei.

ERZENGEL MICHAEL: Ja.

FRAGE: Aber es war immer wieder zu merken, dass immer dann das Wetter sich gar nicht mehr beruhigen konnte vor Schönheit. Die Luft wurde weich. Die Schwalben fliegen tirilierend durch die Luft. Lange Rede kurzer Sinn. Wenn dieses etwas miteinander zu tun hat, kannst du uns erzählen, erklären, was da wirklich passiert, wenn die informierten Kristalle in die Gewässer gegeben werden?

ERZENGEL MICHAEL: Das Allerwichtigste ist, dass es um die Absicht geht, um die bedinglose Absicht.

Frieden, Leichtigkeit, Schönheit und Liebe zu manifestieren. Wasser ist der höchste Informationsträger

Es geht durch die Luft, die Sonne und die Wolken. Und die Schwingung kommt überall hin. Deshalb ist es so wichtig, das Wasser zu schützen, zu danken. Immer wieder zu danken den Wasserdevas, den Wasserelfen und Feen, den ganzen Wasserwesen, dass sie diese Schönheit für uns manifestieren. Und dass ihr diese Kraft nutzen dürft, diese Schönheit, diese Leichtigkeit mitbewirken könnt, durch eure Absicht. Dadurch verändert sich das Bewusstsein. Und auch jetzt mit dieser Kraft, die ihr bekommen habt mit der siebten Einweihung. Mit dieser Vertiefung in eurem Kronenchakra, die manifestiert wurde, die spürbar ist, könnt ihr euer Leben mit dem Kosmos mit der Erde ganz anderes manifestieren.

Euer Leben ganz anders erfahren und präsent sein. Präsent in jedem Atemzug. Und wenn du diese Präsenz in Steine gibst, in die Natur gibst, an die Plätze, wo du bist, dort abgibst, verändert sich das Feld sofort. Sofort. Und es geht wirklich um die Absicht, um eure Klarheit auf der Erde. Dann verändert sich alles.

Alles wird sich wandeln auf der Erde. Alles, wenn ihr euch vertraut, wenn ihr euch mitteilt, was ihr fühlt, was ihr spürt, was ihr wahrnehmt, authentisch begegnet. Das ist auch Achtsamkeit und Präsenz in jedem Atemzug, euch wirklich trauen, den ganzen Kosmos auf die Erde zu bringen und die ganze Erde in den Kosmos.

FRAGE: Lieber Erzengel Michael, ich habe in den letzten Tagen sehr häufig mit meinem 10-jährigen Sohn Streit gehabt.

Und immer gab es einen Zeitpunkt, an dem ich gerne laut los-gelacht hätte, weil der Streit eigentlich aus einer Unwichtigkeit entstanden ist, aber ich bin dem Impuls nicht nachgegangen, denn ich war ja die Mama, die ja gerade ihren Sohn erzieht. Ich darf ja dann nicht laut loslachen. Dann verliere ich an Glaubwür-digkeit ...

Die Einweihung heute hat mir gezeigt, dass ich jederzeit laut loslachen darf, wenn der Impuls kommt. Ich danke dir sehr dafür. Es macht vieles viel viel leichter. Eine große Fröhlichkeit und Freude ist eingezogen bei mir und ich möchte diese Energie der siebten Einweihung heute gerne an die Menschen weiterge-ben.

ERZENGEL MICHAEL: Ja. Das ist so wichtig, das ist so wichtig, dass ihr euch wirklich spürt und die ganzen Formen von Erziehung hinter euch lasst. Es geht um das Begleiten, um das Begleiten von Kindern, dass sie in ihre Kraft kommen, und sie spüren es am ehesten, wenn du Lachen willst.

ANTWORT: Ja.

ERZENGEL MICHAEL: Sie spüren das sofort.

ANTWORT: Ja.

ERZENGEL MICHAEL: Und das ist das Wichtige. Und dann entsteht ein Miteinander und ein Vertrauen. Wenn du denkst, du kannst das jetzt nicht, weil du die Mama bist, dann entsteht kein Vertrauen.

ANTWORT: *Ja das habe ich gespürt*

ERZENGEL MICHAEL: Doch wenn du lachst, wenn du lachen willst, dann entsteht Vertrauen. Und bringe das in die Welt. Bringt diese Einweihungsenergien in die Welt. Geht raus und manifestiert die Energie in vielen vielen Ländern dieser Welt.

FRAGE: *Tun wir es, indem wir einfach darüber sprechen?*

ERZENGEL MICHAEL: Ja, indem ihr darüber sprecht, indem ihr das lebt, was ihr hier bekommt, indem ihr das umsetzt, was ihr hier erfahrt, indem ihr euch wahrnehmt und darüber hinaus ergeben sich so viele Begegnungen. So viele Türen werden für euch geöffnet, und das ist das Wundervolle, dass ihr hier seid, um wirklich dieses Wissen zu verbreiten, um dieses Wissen in die Welt zu tragen, durch euer Tun, durch euer Handeln, durch euer Sein. Und darum geht es uns aus der geistigen Welt, dass wir Mittler haben, und ihr seid die Mittler.

FRAGE: *Lieber Erzengel Michael, hast du mit dem großen Fest in Deutschland die Fußball-WM gemeint?*

ERZENGEL MICHAEL: Ja. Die geistige Welt hat ganz klar dieses Fest gemeint.

FRAGE: Vielleicht kannst du dazu noch was sagen, warum das auch das Wetter beeinflusst? Und dann würde ich gerne wissen, wenn ich ein Fußballspiel gucke, und ich gebe diese Präsenz in ein großes Stadion, hat das dann unmittelbaren Einfluss auf die Leute dort?

ERZENGEL MICHAEL: Ja, es hat Einfluss, ja. Wenn sich so viele Menschen versammeln, hat das Einfluss. Das ist so wichtig, wenn sich viele Menschen treffen auf der Erde zu so einem Fest, wenn man ganz viel Liebesenergie hinschickt, ganz viel Frieden in den Herzen manifestiert und Leichtigkeit. Und dass diese Spiele über jegliche Grenzen hinausgehen, dass diese Ländergrenzen nur im Kopf sind, dass es auf der Erde keine einzige Landesgrenze gibt, dass das Wir wieder entsteht, dass es wirklich zusammen wieder fließt, und dieses Fest bringt die Menschen in einem Teil zusammen. Alle in eurem Land. Und das ist schon ein wichtiges Zeichen, und dass aus diesem Fest etwas Neues entsteht.

Und das kannst du in alle Spiele, in alle Stadien senden, an alle Plätze, wo so viele Menschenmassen zusammenkommen.

Die Liebe, die Leichtigkeit, das Vertrauen, und dass die Grenzen, die Ländergrenzen in den Köpfen gesprengt werden. Das kannst du wundervoll reinmanifestieren.

Auch wenn die Menschen jetzt denken: Jetzt ist sie doch schon um, wenn ich das Buch lese. Trotzdem EINE Erde,

197

EINE Welt in den Heilkreis legen. Die Verbindung, dass alle Menschen auf einer Erde leben. Ohne Grenzen. Das ist das Allerwichtigste. Und alles schwingt. Jeder Gedanke schwingt. In deiner Aura, in den Kosmos.

FRAGE: Ich würde gerne etwas dazu ergänzen. Ich habe mal mit einer Freundin ‚Wetten dass‘ geguckt. Das ist ja auch eine Life-sendung, die Millionen Menschen gleichzeitig gucken, und wir haben uns vorgestellt, dass Sananda auftaucht in dieser Sendung. Irgendwie hatte ich das Gefühl, dass die Sendung total leicht war und die Menschen haben sich gut verstanden und gelacht, und da hatte ich auch schon den Eindruck, dass das was bewirkt, wenn man da positive Gedanken hinschickt.

ERZENGEL MICHAEL: Ja das bewirkt es, du kannst in einem Feld, wo Tausende von Menschen zusammen kommen, ganz viel Licht und Liebe und Weisheit mani-festieren, und es ist so wichtig, dass ihr das tut.

FRAGE: Ich wollte dich fragen, ob diese siebte Einweihung auch den Kontakt verstärkt zu dem inneren Kind?

ERZENGEL MICHAEL: Ja, verstärkt sie, zu eurer inneren Freude, zu eurer inneren Präsenz, zu eurer inneren Liebe. Alles wird mit dieser Einweihung verstärkt. Weil der ganze Kosmos Freude ist, der ganze Kosmos ist das Leben. Und dadurch wird alles in eurem Leben verstärkt. Alles.

FRAGE: Ich muss als Fußballverrückter noch mal auf diese Ein-weihung eingehen, das hat mich einfach noch mal elektrisiert. Diese Idee, dass ich in Zukunft in allen Stadien, in denen gespielt wird in Deutschland, die Namen der Stadien in den Heilkreis legen kann.

ERZENGEL MICHAEL: Ja.

FRAGE: *So können wir Zehntausende, Hunderttausende von Menschen erreichen, und das ist einfach wunderbar. Weil es ist auch die Kraft von Erzengel Michael in diesem Spiel irgendwie. Diese Kraft, dass einfach die Wahrheit auch durch ein Spiel an die Oberfläche kommen wird. Und so können wir so viel dazu beitragen, dass das Kollektivbewusstsein belebt wird. Es macht eine richtige Gänsehaut, wenn wir jetzt durch diese einfachen Verfahren so viel dazu beitragen können.*

Und da ist noch eine andere Sache mit dem Authentisch-Sein. Es ist manchmal in meiner Praxis verblüffend, dass wenn ich selbst authentisch bin, die Menschen in einer ganz anderen Weise sich öffnen, dass die Patienten eine vollkommen andere Behandlungs- und Beziehungsebene zum Arzt aufbauen können.

Und als Goetheverehrer erinnert mich das an das Wort von Mephisto: ,Sobald du dir vertraust, vertrauen dir die anderen Seelen.' Es ist einfach eine Öffnung. Wenn wir uns öffnen, öffnen sich die anderen sofort auch, weil sie spüren, das ist echt, das ist ohne Maske und jetzt kann ich meine eigene Maske auch fallen lassen.

ERZENGEL MICHAEL: Und das ist Heilung. Das ist Heilung für das Ganze, für die Erde, für das Gesamte, ist das die größte Heilung. Wenn ihr euch für euch selbst öffnet, erfahrt ihr ein Feld der Verwirklichung auf allen Ebenen. Und das geschieht mit dieser Einweihung. Wenn ihr authentisch seid, werden alle Menschen um euch herum euch auch eine andere Kraft entgegen bringen.

Und ein Miteinander kann entstehen. Ein kraftvolles Miteinander. Zusammen. Und es ist auch nicht nur in diesem Fest, sondern ihr könnt es immer im Heilkreis manifestieren. Immer.

FRAGE: Lieber Erzengel Michael. Du hast zwei Dinge gesagt. Im Kosmos ist Freude und Leben, und du hast gesagt, dass es wichtig für uns ist, authentisch zu sein und achtsam mit uns selbst. In den letzten Wochen bin ich in meinem Prozessen oft an dem Punkt gewesen, wo ich laut am protestieren immer wieder zu euch gesagt habe: ,So geht das nicht. So gehen die Dinge nicht auf die Erde und so funktionieren manche Gesetze auf der Erde nicht. Es ist nicht so, wie es gehen würde, wären wir in der Ganzheit und Einheit, wie ihr seid.'

Also ich protestierte ziemlich deutlich, laut und wütend, sodass ich dachte: beim nächsten Channeling werde ich einen heiligen Anschiss bekommen, wobei ich sehr wohl mit Achtsamkeit gesprochen habe, aber trotzdem meinen Prozess lautstark zum Besten gegeben habe, und so möchte ich mich ganz herzlich bedanken für diese Öffnung, die ich insofern als Geschenk empfinde, weil ich nun eine Möglichkeit habe, Dinge auf die Erde zu bringen, die vorher einfach nicht gegangen sind.

Ich fühle mich damit sehr gehört von euch, dass ihr meint: es geht so einfach nicht, weil hier andere Gesetze herrschen und die Dualität uns einfach noch zu sehr gebunden hat. Dass es jetzt leichter sein wird, unsere Visionen auf die Erde zu bringen, unsere Projekte auf die Erde zu bringen, die vorher an Gesetz-

mäßigkeiten dieser noch bestehenden alten Welt gescheitert sind. Dankeschön.

ERZENGEL MICHAEL: Und es geht wirklich um die Erkenntnis. Wenn ihr das erkennt, das ist der Tanz. Das ist der göttliche Tanz. Und erfahrt euch in eurer Göttlichkeit. Dann werden diese Vertiefungen in eurem Kronenchakra in den nächsten Tagen auch weiterarbeiten, ob es pocht, zieht oder ein wenig schmerzt. So ist es noch ein Nachpolieren von uns, dass Energie wirklich durch euch fließen kann. Und dass ihr es spürt, wie getragen ihr seid und wie wichtig diese Präsenz ist für euer Leben und für das Leben auf der Erde.

Und auch alle Menschen, die mit der Einweihung verbunden sind, die sich über dieses Buch verbinden, werden diese Kraft in ihrem Kronenchakra erfahren und spüren.

Es ist wundervoll, eure Kraft an diesem Morgen zu erfahren, wir können ganz anders zusammen kommen, wenn euer Körper ausgeruht ist, wenn euer Körper und euer Geist so wach ist[6]. Und wenn ihr euch so authentisch hingebt wie ihr seid.

Ihr seid die Kraft, ihr seid die Liebe und ihr seid die Manifestation des Göttlichen auf der Erde. Erzengel Michael ist mit euch und in eurem Handeln.

Erleuchtung und Erleuchtungsebenen

Die achte Ebene: das Spiel erkennen

Die Einweihungen dieses Kapitels können bei dir Prozesse in Gang setzen. Gehe daher liebevoll mit dir um. Entscheide dich bewusst für die Einweihungen, bevor du mit dem Lesen dieses Kapitels beginnst.   Natara

Channeling mit Erzengel Michael

ERZENGEL MICHAEL: Meine geliebten Kinder des Lichts. Das Bewusstsein von Erzengel Michael ist mit euch. Es geht darum, dass ihr euch immer mehr bewusst werdet, was ihr auf der Erde tut, dass ihr immer klarer eure Absicht und eure Kraft nutzt, um dem Ganzen auf der Erde zu dienen.

Um eure Herzenskraft auf der Erde zu vereinen, braucht es die Liebe. Die Liebe in jedem Atemzug.

Die Liebe in jedem Herzen zu manifestieren und zu akti-vieren. Deshalb ist es uns ganz wichtig, dass ihr aus der Angst herausgeht in die Kraft, um das Neue einzuladen.

Das Neue, was daraus entsteht, ist ein Bewusstsein, was zusammenbringt. Das Neue, was daraus entsteht, ist, frei in die Welt zu gehen.

Ohne Ängste, ohne Verlust, ohne Zweifel. Aus eurem Herzen heraus zu handeln, bedeutet, die göttliche Kraft zu manifestieren.

Alles ist in dem Wandel. Alles ist in der Veränderung. Alles bäumt sich auf, wo das Licht noch nicht emporsteigen darf, doch es wird alles durchdringen. Alles.

Und manifestiert das Licht. Manifestiert die Kraft und die Leichtigkeit.

Ihr habt den Schutz und die Kraft, dass das Licht weiter auf eurem Planeten Erde aufsteigt, dass die Erde und jedes Menschenherz erhellt wird, jede Pflanze jedes Tier, jeder Stein.

Alles, was lebt auf der Erde, wird erhellt, und mit einer Unterschrift, um Dinge nicht nennen zu dürfen, wird auch was erhellt, wird auch was erlöst. Deshalb könnt ihr dieses Schreiben[7] mit der Kraft der Liebe aufladen, mit der göttlichen Vision von Schutz und Freiheit, und dieses zurückgeben und alles weitere ist im göttlichen Schutz, in der göttlichen Gnade, im göttlichen Frieden.

Das Allerwichtigste ist die Achtsamkeit, mit eurem Leben in Frieden umzugehen, mit eurer Schönheit des Herzens, die Dinge zu manifestieren und eure Kraft des Herzens zu nutzen, so dass ihr alles wie bisher manifestiert aus der Kraft der geistigen Welt heraus und diese Kraft weiter auf der Erde verbreitet.

Und es geht immer wieder um das göttliche Vertrauen, um die göttliche Liebe, um die göttliche Freiheit in euch zu verankern. In jedem Atemzug. Deshalb könnt ihr das Buch: 'Das Handbuch zu den Kamasha Essenzen', das erste Werk der geistigen Welt durch Natara auf der Erde, auch weiter in dieser Kraft in die Welt bringen.

Und wir werden dieses Buch für alle Menschen verändern, dass es die Kraft der Herzen noch viel mehr erreicht. Noch viel mehr. Habt keine Angst, es geht um das Getragensein, um die göttliche Freude und um das göttliche Handeln, denn diese Kraft, die die geistige Welt auf der Erde manifestiert, ist nicht mehr aufhaltbar. Gibt es dazu noch Fragen oder Anregungen?

FRAGE: Ist das jetzt so, dass wenn das Buch weiterhin auf dem Markt bleibt, weiterhin nie irgendwelche Angriffe von irgendjemandem kommen können? Oder wenn ja, wie reagiert man da am besten von unserer Seite aus?

ERZENGEL MICHAEL: Mit Liebe, und wenn das Buch für die kommende Zeit auch verändert wird, so geht es um die Kraft, wirklich die Herzen zu erreichen, zu beleben, zu manifestieren.

FRAGE: Heißt das, die Texte werden neu gechannelt?

ERZENGEL MICHAEL: Für die nächste Auflage werden die Texte neu durchgegeben. Kraft in alles manifestieren, dass die Liebe alles durchdringt. Alles.

FRAGE: Gibt es für mich noch etwas besonders zu bedenken, wenn ich die Kamasha Beratungshotline mache, in meinen Aussagen, oder ...? Habt ihr da noch einen Rat für mich?[8]

ERZENGEL MICHAEL: Einfach präsent sein, deine Kraft, deine Herzenskraft zu manifestieren, für die Menschen, ihre Herzenskraft zu aktivieren. Alles ist gesegnet.

FRAGE: Ist das, was jetzt gesagt worden ist, dann so zu verstehen, dass wir jetzt direkt alle Angriffsflächen zum Verschwinden bringen, so dass diese Kräfte, die sich ein Ziel suchen, ins Leere gehen?

ERZENGEL MICHAEL: Ja. Genauso ist es wichtig, dass die Liebe stärker und stärker wird. Es geht nicht darum, dass ihr euch duckt, dass ihr euch klein macht. Es geht darum, diese Präsenz, die daraus entsteht, noch viel stärker über die Erde fließen zu lassen, noch viel stärker, und nicht in die Angst zu gehen, sondern in eure Kraft, in eure göttliche Größe. In das, worin ihr in der letzten Einheit eingeweiht wurdet.

FRAGE: Ich fühle hinter diesem Vorgang den Einfluss der gött-
lichen Mutter in Form der Mahakali. Die Kali zerstört und
bringt das Licht. Was sagt Erzengel Michael zu dieser Resonanz?

ERZENGEL MICHAEL: Die alten Strukturen werden bre-
chen, die alten Strukturen werden nur noch künstlich
aufrechtgehalten. Wie ihr es ja überall erfahren könnt.

Wenn Kali mit einer Hand etwas zerstört, hält sie in der
anderen Hand schon wieder die Liebe und den
Neubeginn. Und Kali manifestiert die Kraft für das Neue,
indem sie das Alte beseitigt. Die Hindernisse.

Und so könnt ihr den Prozess auch sehen. Alle
Hindernisse werden beseitigt, dass Kamasha um die
ganze Erde gehen kann. Und ihr natürlich damit auch.
Ihr alle. Und das ist das Wichtige. Dass die Quelle des
Seins in jedem Menschen wieder aktiviert ist, und
dadurch entsteht Heilung. Dadurch entsteht das Neue.
Dadurch entsteht die Kraft und die Geborgenheit und die
Freude. Das Leben, mit jedem Lebewesen zu teilen.

So seht diese Aktion als eine Aktion, die euch stärker
werden lässt und die Kamasha noch mal in ihre Kraft
bringt, sich ganz auf der Erde zu manifestieren. In
Klarheit und in Liebe.

Seht das Spiel darin. Und ihr habt so viele Möglichkeiten,
das in die Welt zu bringen.

FRAGE: Ich muss so lachen, lieber Erzengel Michael. Ich hatte vorhin der Gruppe gesagt, dass diese Menschen, die versuchen, diese alten Strukturen aufrechtzuerhalten, dass sie, wenn sie daran gehen sollten, das Anandara-Symbol abzumahnen, dass sie dann in die Zwickmühle kommen, denn das Anandara Symbol hebt ja etwas auf, das es ihrer Meinung nach gar nicht gibt.

Weshalb ich das erzähle, ist Folgendes: Neulich ist mir in meinen vedischen Astrologie-Studien das Wort: ‚Ananda‘ über den Weg gelaufen. Und ‚Ananda‘ soll ‚höchstes Glück‘ heißen oder ‚höchste Glückseligkeit‘ und ‚Ra‘ ist das Leben nach deiner Aussage. Ananda-ra (Anm.: der Fragende betont beim Aussprechen die letzte Silbe). Das wäre ‚die höchste Glückseligkeit des Lebens‘ …

ERZENGEL MICHAEL: … des Lebens

ANTWORT: Ja. Es ist so, nicht wahr? Kann ich also auch ‚Ananda-ra‘ (Anm.: die letzte Silbe betont der Fragende ausdrücklich) sagen statt: ‚Anandara‘.

Ich weiß nicht, ob die Betonung jetzt wichtig ist, aber …

ERZENGEL MICHAEL: … die höchste Glückseligkeit ins Leben bringen.

ANTWORT: Ja, das ist es. Vielen Dank.

ERZENGEL MICHAEL: Ja.

Frage: Ich würde gerne bitten: Ich bitte hiermit für die Segnung des Projektes der Kamasha Versandhandel Vertretungen in Australien, Kanada, USA, Frankreich, Belgien und Luxemburg und um das Zur-Seite-Räumen von Hindernissen für Menschen, die sich dazu berufen fühlen, damit der Weg so sichtbar wie möglich wird.

ERZENGEL MICHAEL: Es ist alles wundervoll manifestiert.

FRAGE: Ich wollte wissen, ob wir noch die achte Stufe machen?

ERZENGEL MICHAEL: Ja, wir sind bereits voll im Gange der achten Stufe, der achten Ebene.

Aber nutzt alle Medien. Dass die Menschen in Liebe aufwachen. Das ist ein Teil der Quelle des Seins. Aufwachen.

FRAGE: In dem Moment, wo du gesagt hast, nutzt alle Medien, kam bei mir an: Es wird noch ein neues Medium geben auf der Erde?

ERZENGEL MICHAEL: Ja, das ist doch nicht jetzt das letzte. Internet, Innernet ... Es geht um eure Herzenskraft. Es geht darum, dass alles wieder zusammenkommt, dass alles sich wieder vereinigt, und die größte Verbindung ist euer Herz, die größte Verbindung, die euch alles mit allem verbindet auf der Erde, mit jedem Stein, mit jedem Tier, mit jeder Pflanze, mit jedem Menschen, ist euer Herz.

Und es ist wichtig, dass das, was alles hier manifestiert wurde, was wir alle gerade durchgegeben haben, auch mit ins Buch kommt. Und das ist auch die achte Ebene.

Das Spiel in allem. Das Spiel dahinter. Das Leben ist ein Spiel.

Eine ganz klare göttliche Kraft, die in dem Spiel ist, und die Anleitung ist die Liebe in diesem Spiel, und das zu manifestieren. Diese göttliche Liebe lässt euch hinter alle Spiele, die gespielt werden, schauen, um wirklich Frieden zu schließen mit allem, was ist.

Frieden zu schließen mit allem, was ist. Dazu braucht es: dahinter zu schauen. Hinter die Spiele zu schauen – und das ist die achte Ebene.

Die achte Erleuchtungsebene ist, wirklich dahinter zu schauen, den Mut zu haben, alles aufzulösen, was euch daran hindert, dahinter zu schauen, was euch daran hindert, frei zu werden, was euch daran hindert, dass ihr der Spielleiter und das Spielfeld und der Ball selber seid.

Und das ist die achte Energie, die ihr jetzt übertragen bekommt, in die ihr jetzt eingeweiht werdet, wirklich dahinter zu schauen und alles selbst auf der Erde zu manifestieren.

Spürt hinein in diese Energie, die erlöst, in diese Einweihung. Die Energie, die ihr erfahrt in dieser Einweihung.

Das Spiel erkennen Meditationssymbol

Gibt es Fragen dazu?

FRAGE: Ich möchte Erzengel Michael zutiefst danken, dass er durch Natara eine Kraft in uns entfesselt, die Kraft der Glückseligkeit, die zentriert bleibt.

Für mich war es in der siebten Einweihung mehr die Kraft, die von oben nach unten fließt, jetzt ist es die Kraft, die von unten nach oben fließt und sich in der Wirbelsäule manifestiert. Und so kommen die Kräfte von oben und die Kräfte von unten zusammen.

Es ist sehr sehr gnadenreich, hier zu sein. Mein tiefer Dank an die geistige Welt, an Erzengel Michael und Natrayi.

ERZENGEL MICHAEL: Wenn ihr beide Energien wirklich kanalisieren könnt, die kosmischen und die irdischen, könnt ihr hinter alles schauen und wahrnehmen und eure ganze Kraft manifestieren, euch selbst manifestieren, euer Leben.

FRAGE: Du sprachst eben von der Herzkommunikation. Das Herz besteht ja aus besonderen Zellen. Das physische Herz, meine ich. Es sind Zellen, die nicht entarten können. Ich wollte mal fragen, ob es einen besonderen physischen Andockpunkt für die geistige Energie gibt im physischen Herzen. Dass man sich das als 3-D-Mensch ein bisschen besser vorstellen kann?

ERZENGEL MICHAEL: Euer Bereich und unser Bereich, in dem wir uns treffen können, ist das System, was den Herzschlag manifestiert. Euer Herzschlag wird in eurem Körper über die Ferne manifestiert.

Der Punkt, der das Herz schlagen lässt, sitzt nicht im Herzen, und genau das ist dasselbe System.

Wir leiten euch von der geistigen Welt in eurem Leben. Und dieses Herzschlagsystem ist die Verbundenheit, aufgebaut wie die geistige Welt. Der Punkt, der den Herzschlag bewirkt, ist außerhalb des Herzens. Und genau das ist die Ebene, die sich in euerm Herzen manifestiert.

FRAGE: Lieber Erzengel Michael, die Nachricht haut mich ja doch einigermaßen um, weil ich gerade in den letzten drei Monaten, insbesondere die letzten zwei Wochen, immer wieder Herzrhythmusstörungen hatte, die sehr gravierend waren. Ich dachte mir schon: ‚So, das kannst du knicken hier unten.‘

Was war das denn, habt ihr einfach den Herzschlag verändert? Warum hatte ich einen sehr langen Aussetzer, auch so, dass es körperlich schon empfindlich wurde. Ich habe in der letzten Zeit ein paar Mal gesagt: Es ist eigentlich ein Wunder, dass ich noch lebe, weil es eigentlich nicht hätte weitergehen dürfen, stehe aber immer noch da. Ihr wart es.

ERZENGEL MICHAEL: Das ist die geistige Welt. Die Verbindung zur geistigen Welt.

FRAGE: Aber was war der Sinn dieses Experiments?

ERZENGEL MICHAEL: Ihr könnt durch Übungen, durch geistige Übungen, den Herzschlag bis auf zwei Herzschläge pro Stunde runtermanifestieren, und alles wird versorgt. Alles. Und es geht um das Vertrauen in die geistige Welt, dass wir euch versorgen können über dieses System. Etwas wird dem Körper weitergegeben über eine Energie. Euer physisches Herz ist der Ausdruck. Euer Herz, euer physisches Herz, so wie es geleitet und gelenkt wird, von einem System, das außerhalb des Herzens ist, ist die Spiegelung der geistigen Welt.

FRAGE: Es heißt ja, dass der Mensch oder das Tier eine bestimmte Anzahl von Herzschlägen hat, um dann zu sterben. Ist das eigentlich noch aktuell, oder ist es mit der neuen Energie möglich, das auch zu ändern, so dass man länger leben kann, wenn man möchte?

ERZENGEL MICHAEL: Du kommst nicht auf die Erde und da steht 10.000 Herzschläge auf deiner Stirn. Nein. Alles ist veränderbar. Und das ist das Wichtige, dass ihr euch da nicht mehr einschränkt.

FRAGE: Wie ist es, wenn ich Angst habe und mein Herz ganz schnell schlägt? Wie ist dann da die Verbindung zu der geistigen Welt?

Außerdem würde ich gerne wissen: Natara hat in einem Seminar davon gesprochen, dass man zurückfindet zu seinem eigenen Herzschlag. Und ich hatte in dem Moment ein bisschen das Gefühl, dass mein Herzschlag mit meiner Mutter in Verbindung steht. Ich fühle auch jetzt einen ganz starken Wunsch, meinen ganz authentischen Herzschlag zu finden.

ERZENGEL MICHAEL: Das erste Geräusch, was ihr erfahrt, ist der Herzschlag eurer Mutter – den ihr hört, den ihr seht, durch die Verbindung der Arterien und Venen. Es ist die erste Begegnung, es ist die erste Kommunikation mit eurer Mutter – der Herzschlag. Noch bevor euer Herz schlägt, habt ihr den Herzschlag eurer Mutter in jeder Zelle.

Und eure Zellen orientieren sich an diesem Herzschlag. Und doch hat ein Kind im Mutterbauch das Dreifache an Herzschlag, als ein Mensch, der richtig angekommen ist auf der Erde.

Die Kinder brauchen die hohen Herztöne, die hohen Herzschläge, um ganz in jeder Zelle in ihrem Bewusstsein anzukommen. Das ist ein Richtungshinweis. Deshalb reagieren auch viele Kinder, wenn man ihnen nach der Geburt beruhigende Herzmittel gibt, oft mit dem Tode, weil es das Herz gar nicht abwenden kann – diese Mittel. Und du kannst uns bitten, ihr könnt uns alle bitten, ihr könnt uns alle bitten, den authentischen Herzschlag zu manifestieren, und dann verändert sich alles.

Dann genießt eure Herzfrequenz, eure eigene, und lasst euch auf die bewusste Reise ein, was jetzt mit eurem Leben geschieht, und wir werden mit dieser Kraft und mit diesem Bewusstsein den Band 4 ‚Gespräche mit Erzengel Michael' beenden.

Dass die Menschen ihren eigenen Herzschlag spüren und leben und die Kraft nutzen dieses zu integrieren. Die Leichtigkeit und die Liebe und göttliche Präsenz wird stärker und stärker in jedem Lebewesen. Erzengel Michael segnet euch und eure Visionen und eure Kraft. Geht bewusst und achtsam mit euch um und nehmt jedes Lebewesen ernst. Und ihr seid mit allem auch durch euren Herzschlag verbunden.

Erzengel Michael ist alle Zeit mit euch. Und wenn du dieses liest, wirst du spüren, dass es stimmt.

Gute Reise bis Band 5

Anmerkungen

[1] Die Essenz „Atomare- und Elektostrahlung' ist eine der ca. 130 Kamasha Essenzen. Sie wird mit Erzengel Michaels kosmischer Energie aufgeladen.

[2] Das Channeling zur Vogelgrippe hat nach dem Channeling über die Seelenkraft stattgefunden. Wir haben es allerdings in dem Buch nach vorne genommen, damit die Kapitel zur Erleuchtung eine Einheit bilden.

[3] Die Einweihung in das zweite Herz Muktiala findet sich in dem Kapitel: Heilsein mit dem zweiten Herzen. S. 71–83.

[4] Bei dem Heilkreis handelt es sich um den Heilkreis mit 18 Heilsymbolen, der in dem Buch: „Symbole und Mantren für den Aufstieg" beschrieben wird. ISBN 10: 3-936767-13-0, ISBN 13: 978-3-936767-13-1.

[5] Das Anandara-Symbol ist uns in dem Buch: „Gespräche mit Erzengel Michael, Band 3" durchgegeben worden. ISBN 10: 3-936767-02-5, ISBN 13: 3-936767-02-5, S. 196.

[6] Dieses Channeling fand um 8.00 Uhr morgens statt. Alle anderen hatten wir zu regelmäßigen Terminen um 15.30 Uhr.

[7] Wir erhielten vom Verband sozialer Wettbewerb e.V. eine Abmahnung bzgl. einer unserer Anzeigen, die uns verbot, weiter in dieser Form zu werben. Da die angegebene Wirkung einer Essenz nicht wissenschaftlich nachweisbar sei, handele es sich um unlauteren Wettbewerb, der nach deutschen Recht nicht erlaubt sei. Wir baten Erzengel Michael, uns zu diesem Schreiben etwas zu sagen.
Außerdem haben wir uns gefragt, ob die gleiche Regelung für das „Handbuch zu den Kamasha Essenzen" greift.

[8] Avytaba bietet jeden Donnerstag von 12.00 bis 16.00 Uhr eine Beratungshotline an für Menschen, die Fragen zu den Kamasha-Produkten haben oder gerne spirituelle Beratung im Zusammenhang mit den Kamasha-Produkten hätten: Tel. +49 (0) 67 43 / 94 73 44.

Verzeichnis der Einweihungen, Heilsteine und Symbole

Die Heilschwingungszahl 999   65–66

Einweihung in das zweite Herz: Muktiala   79–83

Technik, das zweite Herz
bei einem anderen wieder zu aktivieren   82

Meditationssymbol: Samadhi   99

Meditationssymbol: Seelenkraft   105
Heilstein der Diamant   119–121

Meditationssymbol: Klarheit   123
Heilstein der Bergkristall   132

Meditationssymbol: Achtsamkeit   139

Meditationssymbol: die Kraft der Liebe   153

Meditationssymbol: Loslassen   167

Meditationssymbol: die göttliche Vision   177

Meditationssymbol: Präsenz heilt   188

Meditationssymbol: das Spiel erkennen   211

Über Natara

Seit 1998 wirkt Natara als Channelmedium von Erzengel Michael und der geistigen Welt. Die dadurch entstandene Bücherserie: "Gespräche mit Erzengel Michael" hat vieles in Bewegung gebracht. Zahlreiche Menschen fühlen sich zu den Botschaften des Erzengels hingezogen und spüren eine tiefe Verbundenheit mit ihm. Natara reist durch ganz Deutschland, Österreich und Schweiz, um vielen Menschen die Klarheit von Erzengel Michael näher zu bringen.

Bei Interesse an Ausbildungen und Events mit Natara:
Kamasha Therapie- und Ausbildungsinstitut
Dietershanerstr. 29
36039 Fulda-Dietershan
Tel.: + 49 (0) 6 61 / 38 00 02 38
Fax: + 49 (0) 6 61 / 38 00 02 39
Tai@online.de, www.kamasha.de

Die Vision seiner Arbeit ist, das Herzchakra wieder zu aktivieren und vielen Menschen die Liebe erfahrbar zu machen. Denn, wenn das Herzchakra heil ist, heilt die Erde und dein Leben verändert sich mit dieser Kraft.

Natara ist gelernter Krankengymnast und wurde von vielen Meistern in spirituellen Heiltechniken unterrichtet.

Er erhielt von Erzengel Michael auch den Auftrag die Kamasha-Essenzen in die Welt zu bringen. Diese gibt es inzwischen zu 130 Themengebieten. Sie sind mit den kosmischen Energien der geistigen Welt und von Erzengel Michael aufgeladen und unterstützen dich bei der Entfaltung deines gesamten Potentials.

Bei Interesse an dem Kamasha-Essenzen:
Kamasha Versandhandel GmbH
Rheingoldstr. 1
55413 Manubach
Tel.: + 49 (O) 67 43 /94 73-20
Fax: + 49 (O) 67 43 /94 73-29
Email: love@kamasha.de, www.kamasha.de

Das Channeling zur Vogelgrippe in verschiedenen Sprachen

Franz von Assisi rief in seinem Channeling über die Vogelgrippe (Seite 60) dazu auf, das Channeling über die Vogelgrippe in andere Sprachen zu übersetzen. Einige davon möchten wir hier abdrucken, damit sich das Wissen in der Welt verbreitet.

Channeling zur Vogelgrippe auf Englisch

Francis of Assisi: My beloved friends. The spirit of Francis of Assisi is with you. You may believe in yourselves and in the earth.

We are not interested in raising fears. We are interested in revealing fears, in releasing them and thus delivering that which is hidden. For behind every fear there is a feeling of non-love, of non-acceptance and if you can move deeper and deeper into the power of love, into the power of your soul, you can help millions of people to be freed from their fears.

What is really happening these days with so many animals being killed? For one thing, these killings are the result of certain high frequencies, experiments. Focused HAARP-frequencies are being emitted through this part of the world. Animals are dying because the radiation burns them internally. A war has begun - and this is not a war with common weapons. It's the radiation that kills those animals. And this is a preparation which fuels the fear that these machines could be used against humans as well. It is absolutely vital that this knowledge is made known at last, that it is made public. If you have a backyard please provide water for the birds penetrated by this nuclear electromagnetic essence. They need protection, and the same goes for all other animals and for human beings.

Each and everybody are called upon to use their power to act, to meet this destruction with love, with love and with the power of love. What good is hatred for? It is to no avail, it will paralyse you. Love however calls on you to do something. And you have so many possibilities to help. You have so many possibilities. Use them and spread the news around the world that what is happening here is a matter of superpowerful high-frequency radiation, for the first time being transmitted, for the first time being tested on many living beings – on the birds. It is important for you not to move into fear. If fear arises let it flow through you, don't repress it. Accept, and know that everything will be revealed. Everything.

And so many people may now awaken through this power of love. So many people may now take a decision. All human beings may now decide to use this power of love and have the heart to go public and act.

You aren't small at all. In our last channeling session we have joined you with the power of your soul. You have all been initiated and it is vital that you use this power right now. Then you can really do something.

And you do have the strength it takes. Don't let yourselves be paralysed by the knowledge we have passed on to you. Don't let yourselves be paralysed but make this knowledge public.

Challenge people so they can connect with something new. Activate the muktiala of people whenever possible.

Any questions?

Question: I'd like to know who are the people, the governments, the powers behind the bird's flu.

Francis of Assisi: All of them. The point is that Europe is becoming too powerful for America. This union that's taking place on earth, the more countries join together the stronger power grows, if it is being guided in the right direction. Look around, why not other countries in the world, why not other locations in the world? This is about power. And this power needs to be released through love.

There is no point is naming culprits. Our concern is to point out the game that's being played on earth. It's an issue of global power.

Question: We have been given the Anandara symbol to protect the earth, animals and plants from chemtrails. Has the spiritual world another symbol for us that can protect us from HARP-radiation?

Francis of Assisi: You can use the same symbol. Use it, because it has the same impact as before HAARP-radiation. Use it. It is significant.

Questeion: Will this fictitious bird's flu be spread out to other animals, too? Will they say that the birds have infected other animals?

Francis of Assisi: The HAARP project emanates certain frequencies which are being transmitted onto birds right now. There's blackmail in progress, a blackmail that is being paid off by vaccines. It's as many vaccines as there are birds. What's happening here is blackmailing. These frequencies can be extended onto many different animal species. This means that if you don't take the vaccine the wave will continue spreading.

Question: What about the scientists working in the labs? Are they being pressurized? Or are they being deceived?

Francis of Assisi: They are being pressurized, immensely pressurized. This means that by not buying the vaccine there will be many more animals. The cycle will be broken. That's why there is so much pressure. And there's such an enormous ignorance, too. But those animals that have died in the various countries, have died from those frequencies, they have gone into the light. To be able to block up those frequencies it is important that we irradiate the earth with the healing vibration of the number 999.

Question: I'd like to know where those HAARP machines are located so I can target my work at those locations.

Francis of Assisi: The most important thing to remember is not to confine yourselves to those 12 machines but to globally - world wide - neutralize this radiation with the help of number 999. And that the knowledge will finally be released through the number 999. The point is rather that humanity comes to know about this HARP-radiation and about the background of this war that is developing. It is important that you all spread this knowledge lovingly because that's the way to move things. Together you can really make a difference.

Question: You say we should irradiate the earth with the number 999. How would a practical application of that look like?

Francis of Assisi: Do you mean how to do it?

Question: Yes.

Francis of Assisi: By placing a globe onto the number 999, by sending waves of 999 around the earth, by placing photographs of your beautiful planet onto the number 999.

Question: Could you say something about the vaccines which are considered to be for birds but might be envisaged for humans as well?

Francis of Assisi: To draw upon the old theories, if a country is in a poor state, what it needs is either a war or a disease. Some countries opt for war, so they are able to suppress it and recover their alleged power. Other countries choose to release people through epidemics, diseases, vaccines.

It is therefore crucial that you free yourselves from it and that you don't get afraid, that you really redeem yourselves, that you rise again and take your life, your earth, in your own hands. You have handed in so much responsibility. Now the time has come for you on earth to act for your life, for your earth, for your nature and to save them at last, time to take responsibility for the earth, for every living being, for your children, time to remember why you are born, to remember why you are here on this planet earth, and to commit yourselves to life. Stand up for life, for life on earth.

Channeling zur Vogelgrippe auf Französisch

Channeling de François d'Assise du 20.02.06 concernant la grippe aviaire, canalisé dans le livre: « Dialogues avec l'Archange Michel, tome 4 »

François d'Assise : Mes amis bien-aimés, la conscience de François d'Assise est avec vous, ayez de nouveau confiance en vous-mêmes ainsi que dans notre mère Terre.

Ce qui ce passe en ce moment sur la Terre, a besoin d'être expliqué, à besoin d'une conscience collective augmentant en amour, pour que la lumière soit de plus en plus visible dans le monde. La vérité c'est que l'amour est la plus grande puissance dans tout l'univers. Croyez-en la force de l'amour. C'est l'énergie qui vous relie à tout ce qui vit sur la Terre ainsi qu'au monde des oiseaux.

Ce qui ce passe a besoin d'être expliqué, pour que vous vous arrêtiez de vous limiter, pour que vous vous repreniez votre vie en main, et agissiez, pour que vous n'acceptiez plus le mensonge, qui vous a été raconté. Cette force que vous avez, c'est la force d'amour, qui engendre la reconnaissance et vous apporte le discernement, ce que cela signifie réellement d'être ici et de vivre sur cette planète.

Si vous vous ressentez vous-mêmes, vous percevez la Terre ainsi que chaque être vivant. Vous êtes reliés à tout et vous pouvez discerner que cette grippe aviaire est une idée inventée pour nourrir l'énergie du pouvoir et de l'avidité. Les oiseaux portent baucoup de poids pour vous. La Terre vous apporte une multitude de choses. L'abattage détruit seulement. Les informations sur la grippe devraient vous inciter a réagir et a ouvrir votre coeur pour la compassion. N' adhérez pas aux peurs collectives présentes. Dans tout ce que vous entreprenez choisissez la liberté. Envoyer l'énergie de l'amour à tous les oiseaux qui se sacrifient pour vous.

Vous êtes invités à vivre l'amour dans toutes vos actions et d'envoyer cet amour à tous ceux qui portent une responsabilité dans l'abattage des oiseaux et qui veulent vous faire croire qu'il y a un virus.

Nous ne voulons pas provoquer des angoisses. Il s'agit d'expliquer ce qui ce passe réellement et d'être informé de la vérité car derrière chaque peur il y a un manque d'amour. Si vous vivez dans la plénitude de votre âme et dans la force de l'amour, vous aidez a la libération de million de personnes emprisonnées dans leurs peurs.

Que ce passe-t-il réellement ? Les oiseaux sont annihilés par des fréquences. Les ondes HAARP sont diffusées dans des régions spécifiques où les animaux périssent. Ils brûlent intérieurement. Une guerre a commencé mais pas avec les armes connues jusqu'ici. Ce sont des rayons qui exterminent les animaux. Il s'agit d'un début. Il est nécessaire que ces informations soient répandues, qu'elle soient enfin rendu publiques. Si vous avez un jardin, mettez y un bol d'eau avec quelques gouttes d'essence contre les rayons électriques et atomiques, car les animaux ont besoin de notre protection. Chaque personne est amenée à vivre l'amour.

La haine engendre la destruction. Vous avez tant de possibilités. Répandez nos informations. Faites savoir qu'il s'agit de rayons expérimentés pour la première fois sur des animaux. Il est important de ne pas se laissez subjuguer par la peur. Si l'angoisse est là, confrontez la, ne la refoulez pas, acceptez la en sachant pertinemment quelle va être transformée par la lumière.

Question : J'aimerais savoir qui est à l'origine de la grippe aviaire, quelles personnes, quels gouvernements, quelles puissances ?

François d'Assise: Tous. L'Europe devient aujourd'hui trop puissante pour les Etats-Unis grâce a l'union qui se passe su la Terre. Et si encore plus de pays s'unissent et que leurs forces est dirigés dans la juste direction, alors celle-ci deviendra encore plus grande. Poser vous la question pourquoi cette maladie ne touche pas d'autres endroits ?

Et nous ne sommes pas intéressés de dénoncer les coupables. Nous voulons simplement vous informez sur le jeu qui se déroule en ce moment sur la Terre.

Question : Nous avons reçu le symbole Anandara, pour protéger la Terre des « Chemtrails ». Y a-t-il aussi un symbole pour se protéger des rayons HAARP ?

François d'Assise: Vous pouvez utiliser le symbole Anandara, il a le même le même pouvoir d'action également sur les rayons des projets «HAARP »

Question : Est-ce que nous pouvons protéger les animaux en mettant des images d'oiseaux dans le cercle de symboles que tu nous as donné dans le livre : « Symboles et mantras pour l'ascension » ?

François d'Assise: Ce serait magnifique d'utiliser cette idée, pour transformer les angoisses, pour augmenter la force de l'amour et l'envoyer aux animaux et aux oiseaux.

Les « Chemtrails » n'ont plus leurs force. Une deuxième démarche est actuellement mise en place. Protéger vos enfants de la peur collective. Vous pouvez leur mettre le symbole Anandara dans leurs cartables, pour qu'il rayonne dans l'environnement. Il est important de stopper cette deuxième démarche. Faites ceci par amour, utilisez la force positive de la pensée, la force des symboles (du livre: « Symboles et mantras pour l'ascension »). Le symbole Anandara porte l'énergie de l'amour inconditionnel. Il est important que ces informations soient distribuées dans le monde, qu'elles soient traduites dans beaucoup de langues.

Question : Est-ce que la grippe se transmet sur d'autres animaux ? Et est ce qu' il est possible que d'autres espèces soient atteintes par la maladie ?

François d'Assise : Les fréquences émises sont tellement spécifiques, qu'elles ne touchent pour l'instant que les oiseaux. Nous assistons à un chantage. Un chantage basé sur les vaccins. Il est possible que ce chantage s'étende sur d'autres espèces.

Question : Comment cela ce passe-t-il pour les chercheurs dans les laboratoires ?

François d'Assise : Il existe une grande pression. S' ils n'achètent plus de vaccins, les animaux vont continuer de périr, ceux qui sont déjà morts, sont aujourd'hui dans la lumière. Pour diminuer les fréquences, il est important d'irradier la Terre avec le chiffre guérisseur 999.

Question : J'aimerais savoir où sont localisées les machines HAARP?

François d'Assise: Il est important d'agir globalement, pour le monde entier en neutralisant la radiation avec le chiffre 999 et d'informer les populations sur l'existence des machines HAARP.

C'est l'amour lui seul qui peut changer la situation dans le monde. Ensemble vous etes forts et vous pouvez créer un monde différent.

Question : Comment cela ce passe-il dans la pratique ?

François d'Assise: Vous pouvez placer le globe sur le chiffre 999. Le rayonnement du chiffre 999 touche alors la Terre. Vous pouvez aussi mettre des photos de la Terre sur la combi-naison de chiffre 999.

Question : Est-ce que tu peux nous dire quelque chose sur le vaccin ?

François d'Assise: Il est important de vous libérez de vos peurs, de prendre en main votre existence et de vous récon-cilier avec la Terre. Vous avez cédé une grande partie de vos responsabilités. Maintenant le temps est venu d' agir de facon consciente vis a vis de vous-mêmes, de la Terre et de l'envi-ronnement. Prenez conscience de vos responsabilités pour vos enfants, pour chaque être vivant et pour votre planète. Rappeler vous pourquoi vous êtes nés et dans quel but vous êtes venus sur Terre.

Vous êtes lumière et force d'amour, vous êtes cette réalisation vivante sur la Terre.

La conscience de François d'Assise est avec vous.

Channeling zur Vogelgrippe auf Russisch

Шаннелинг (духовное послание) на тему : гПтичий грипп." Данное во время шаннелинга для книги : ,,Разговор с архангелом Михаил." 4 Книга 20.02.06.

Шаннелинг на тему : ,,Птичий грипп."

Франц Аззизи : ,,Мои любимые друзья. Самосознание Франца Аззизи с вами и вы можете себе доверять. Вы можете земле доверять и вы можете всё больше нас воспринимать и чувствовать, и то что на земле сейчас происходит, нуждается больше и больше в объяснении, нуждается в самосознании, которое пропитано любовью. Чтобы свет был снова доступен каждому человеку, и что правда, правда о любви сильнее всего другого. Вы можете упасть в руки любви и эта любовь свяжет вас друг с другом и со всем что живёт на земле. Так же со всеми существами в воздухе. И чтобы ваша свобода была не ограничена. Чтобы вы могли себя чувствовать в своей жизни, поднялись и действовали.

Чтобы вы в дальнейшем не воспринемали ложь которая вам преподносится. С этой силой которую вы имеете, с этой силой любви, которую земля вам даёт, которую земля вам дарит, можете вы ей быть благодарны, може
те чувствовать, что значет быть на земле.

И если вы себя ощущаете, тогда чувствуете вы и землю, тогда чувствуете вы и каждое существо на этой земле, тогда вы связаны со всем, и тогда вы почувствуете, что этот грипп выдуманное не правильное представление и что это представление власти и зависти стать ещё сильнее.

Животные несут для вас, земля несёт для вас, но то что их отключают, это они не несут. Эта информация о вирусной инфекции должна вас всбудоражить, восстать идти и действовать с любовью. Чтобы не допустить к себе страх который вам навязывают. Встречайтесь в полной свободе на земле. Всё равно когда вы это делаете. Посылайте энергию любви птицам которые за вас платят.

Как в малом так и в большом. Речь идет не о том чтобы молчать и быть спокойными на Земле. Это говорится о том: чувствуйте это как призыв с любовью действовать, всем тем любовь посылать, кто принемает участие в уничтожении птиц и рассказывают, что существует вирус.

Речь идёт не о том, чтобы страхи увеличить. Речь идет о том, чтобы страх опознать и то что за этим страхом стои от него освободиться. Ведь за каждым видом страха стоит чувство быть не любимым, быть не принятым, и тогда вы можете с силой вашей души миллионам людей помочь освободиться от страха.

Что происходит на самом деле, в связи с тем, что так много животных убивается ? Частично происходит это убийство через частоты. Эксперементы. Целенаправленные ХААРП-частоты облучают определ-ённые области Земли. Животные умирают. Они сгорают внутренне от облучений. Это идёт война. Не с оружием, которое нам знакомо. Это лучи которые животных убивают. И эта подготовка всё больше и большего разжигания страха, чтобы они эти машины и против людей применять могли, и это очень важно, чтобы эти знания наконец то были известны чтобы общественность была осведомлена, и если у вас есть огород, поставьте воду для птиц с эссенцией от атомных електрооблучений. Они нуждаются в защите - так же как и все животные, как все люди.

Каждый человек призывается к действию, свою силу использовать и это уничтожение с любовью встретить. С любовью и силой любви. Что даст вам ненависть. Она не даст вам ничего, она только вас парали-зует, но любовь призывает вас, что-нибудь делать. И у вас есть очень много возможностей. У вас много возможностей. Используйте это, и передайте эти знания в мир. Что в этом случае идет речь об очень сильном облучении, в первый раз применённом, на многих живых существах и птицах. И это очень важно не впасть в состояние страха даже тогда когда страхи приходят, их через себя пропустить но не отгонять. Принять и знать, что всё выйдет в свет. Всё.

И так много людей могут сейчас проснуться с этой силой любви. Так много людей могут сейчас выбирать. Все люди могут принять решение эту силу любви использовать так, чтобы без страха общественность поставить в известность.

Что вы действительно не слабые. В последнем шанелинг мы связали вас с силой вашей души. Вы все несёте это освящение уже в себе и это очень важно, эту силу сейчас использовать. Чтобы вы действительно что-то делали.

У вас у всех есть сила для этого. Не дайте вас сделать неподвижными от знаний, которые мы вам даём. Не дайте вас сделать неподвижными, а наоборот выходите и призывайте и объясняйте людям, что они могут себя с чем-то новым связать. Активируйте так часто как только вы можете муктиала (второе сердце на середине лба).“

Есть ли вопроссы ?

Вопрос: ,,Я хочу знать, какие люди, какие правительства за этим птичьем гриппом стоят?“

Франц Аззизи: ,,Все дело в том, что Европа чересчур сильна становится для США. Это объединение, которое вы делаете на земле, и чем больше стран объединяется, тем больше становится сила, если её в правильную сторону направить. Оглянитесь почему не другие города на земле, другие места на Земле? Дело в мировой власти. И от этой власти можно с любовью освободиться.

Нам не важно виновных назвать. Нам важно вам показать. В какую игру сейчас на земле играют. Дело в мировой власти.“

Вопрос: ,,Мы люди знаем, сейчас - особенно сейчас, в нашем кругу - что мы с любовью всё перевоплатить можем и это действительно ключ ко всему...?“

Франц Аззизи: ,,Да.“

Вопрос: „…но и нам самим иногда тяжело при такой информации в состоянии любви оставаться. Существует ли Мудра (положение палцев при медитирование) или Аффирмация (программа) для всех, чтобы нам было легче в это состояние любви и в энэргетику христа назад вернуться, с чем нам было бы лучше работать или любовь посылать.“

Франц Аззизи: „Всегда когда вы чувствуете, что злость здесь, что бессилие здесь. очень важно, их здесь и оставить, потому-что по другому будут злость и бессилие становиться всё сильнее, так как сейчас происходит со многими людьми на Земле. Да когда вы осознаете, что вы сами сила любви, тогда вы всегда с любовью связаны. Даже тогда когда вы чувствуете себя на заднем плане, из за некоторых мыслей, вы всёравно с любовью связаны.

И ты можеш, себе всегда второе сердце активировать. Ложись каждое утро в лечебный круг и ложи в него все те информации (газеты, телевиденья, радио) средств сообщения, которые понастроены – ложи их все в лечебный круг, чтобы это всё видоизменялось.“

Вопрос: „Мы получили от вас Анандара-символ, чтобы Землю, животных и растения защитить от Кемтраильс (химических выбрасов от самолётов этого проэкта). Существует ли символ от духовного мира для защиты от ХААРП-лучей.“

Франц Аззизи: „Применяйте и здесь этот символ. Он звщищяет также и от облучения. Применяйте. Это очень важно.“

Вопрос: „Можем ли мы птиц защитить, тем что мы им будем силу посылать и их фотографии в лечебный круг ложить? И также людей-население?“

Франц Аззизи: „Да. Это прекрасно и возможно. И это очень важно, чтобы вы эту силу использовали, которую вы получаете, чтобы страх перевоплотить в свет, чтобы любовь закрепить и действительно животным и птицам любовь посылать.
Хемтраильс не выдерживает своего влияния. Также может произойти и

с последующей инстанцией. Это очень важно. Это важнейшие информации которые мы вам даём. И защитите своих детей от страха. Ложите им Анандара символ в школьные сумки, чтобы он излучал в помещение. Это очень важно и от второго шага защититься. С любовью, с силой мыслей, с силой символов, с лечебным кругом (архангела Михаила), с Анандара символом. Особенно с любовью. И это очень важно, чтобы эта информация в мире распространилась, чтобы вы это послание Франца Аззизи на многие, многие языки перевели. На многие, многие языки."

Вопрос: „Будет ли этот так называемый Грипп и на других животных распространён. Это имеется в виду – заразили ли они уже и других животных?"

Франц Аззизи: „Эти частоты, которые ХААРП-проэкт передаёт, это особенные точные частоты, которые в это время направляются на птиц. Это идёт шантаж, шантаж, который оплачевается медикоментами. Сколько птиц, столько и вакцын. Там происходит шантаж, и частоты выпускаются дальше на многие виды животных. Это значет: „Не покупаете вакцину, распространяется волна дальше.".

Вопрос: „Ты сказал, что Хемтраил уже не может удержаться. Я нахожу это как победу любви. И это даёт мне ещё больше надежды, в то, что и это мы сможем выстоять."

Франц Аззизи: „Да вы сможете выстоять. Но только очень важно, чтобы как можно больше и больше миллионов людей получили эту информацию, которую мы сегодня в первый раз Земле даём узнать. И вы все призваны эти знания распространить – все, потому что этим вы можете помешать тому, чтобы ещё больше животных платили за власть, и в дальнейшем расплачивались за власть."

Вопрос: „Как выглядит с учёнными, которые работают в лабораториях. Находятся ли они под давлением? Или их обманывают?"

Франц Аззизи: „Они находятся под давлением. Они находятся под сильным давлением. Это значет: если не покупаете вакцину, погибнет ещё больше животных. Круговорот может прерваться. Поэтому они находятся под сильным давлением.. Но эти животные, которые в единичных странах погибли, погибли от частот и ушли в свет. Чтобы эти частоты остановить очень важно облучать нашу Землю с лечебными волнами числа 999."

Вопрос: „Я охотно бы узнала на каких местах стоят НААРП-машыны, тогда можно было бы целенаправленно работать с этими местами?"

Франц Аззизи: „Самое главное, это чтобы вы на этих 12 машинах не ограничевались. Работайте с числом 999 глобально всемирно. И что это знание, о числе 999 наконецто выйдет наружу. Больше всего здесь идёт речь отом, чтобы люди узнали о НААРП-лучах. О скрытой стороне этой войны, которая сейчас идёт. И это важно, чтобы вы всё это с любовью дальше распространили, только так можете вы что-то привести в движение. Так можете вы на самом деле вместе что-то достичь."

Вопрос: „Ты сказал что мы должны землю облучать числом 999. Как выглядет на прктике использование лечебных волн этого числа?"

Франц Аззизи: „Ты имеешь в виду, как вы можете это делать?"

Вопрос: „Да."

Франц Аззизи: „Тем, что вы земной шар на комбинацию числа 999 поставите. Тем, что вы землю обвернёте в 999. Тем, что вы рисунки вашей прекрасной планеты на числовую комбинацию 999 поставите или по ложите."

Вопрос: „Любимый Франц Аззизи. Это бандиты жадные до власти, это иллюминаты (члены тайного религиозно-прсветительного общества)? Или, я хочу их лучше назвать псевдоним-иллюминаты, которые этот сценарий выдумали? Как они себе представляют, как они себя от этих ядов как Хемтраильс (газы от самолетов), НААРП – проекта, Скандонез, Генфод защитят, как они хотят сами этого избежать?"

Франц Аззизи: „Здесь всё дело в жадности и во власти. Во власти денег. Все кто в это посвящён, эти уничтожающие теории выставляют, не имеют страха быть самим этим затронутым. Через эту власть, через зависть, они забыли про себя. Они себя не защищают. Они совершенно не думают об этом. И самое важное, что они всегда нуждаются в таком правительстве, которое это осуществляет, им всегда нужны люди, которые это выполняют, чего они сами никогда не делают."

Вопрос : „Можешь ли ты нам сказать что-нибудь о предохранительных прививках, которые с одной стороны для птиц предназначены, а сдругой стороны и для людей запланированны."

Франц Аззизи: „Если одной стране на земле плохо – так выглядит старая теория – нужна война или болезнь. Страны выбирают войну, чтобы это разрядить и опять вернуться в так называемую силу. Другие страны принемают решение, людей уничтожить через эпидемии, через болезни, через прививки. Так важно чтобы вы себя от этого освободили, чтобы у вас небыло страха, чтобы вы действительно освободились, поднялись и вашу жизньи вашу Землю, взяли опять в свои руки. Вы так много отдали ответственности. Но сейчас пришло время для вас на Земле, за вашу жизнь бороться, за вашу Землю, за вашу природу. Перенять ответственность за Землю, за каждое живое существо, за ваших детей. Чтобы вы опять знали почему вы были рождены, чтобы вы опять знали, почему вы на Земле, чтобы вы приняли решение за жизнь. За жизнь на Земле."

Вопрос: „Уже несколько - лет. Всегда когда я нахожусь в общественных местах, всё равно в кафе или в ресторане, в супермаркте, в поезде – всё равно где – у меня появляется чувство. Когда я вижу что люди курят и едят мясо и что их сердца закрыты, мне становится больно. И сейчас я хочу духовный мир света спросить, есть ли у вас желание через мои глаза оказать влияние на людей. Чтобы тогда, когда я на этих людей посмотрю и попрошу вас о помощи, чтобы любовь оказала своё действие на них."

Франц Аззизи: „Самое важное, самое важное чтобы они это, допустили, чтобы они этого хотели, чтобы они это приняли. Если ты соеденишся со своим сердцем и будешь в любви с собой, тогда ты излучаешь эту божественную любовь через своё сердце, через свои глаза, через все поры своего тела. Делай это. Свяжи себя со своим сердцем, всегда когда ты чувствуешь что сердца закрыты, то заполняй всё помещение твоим сердцем. Тогда произойдёт так много излечений. Тогда будет так много любви. И тогда могут люди этоу любовь принять, а могут и не принять и просто быть сдесь.

Очень много людей в настоящее время очень плотно, очень сильно связаны с материальным. Через эту манию как страх перед свободой. Через продукты питания и питание. С твоим открытым сердцем ты можеш столько освободить. В этой любви люди могут чувствовать, что существует то, что все из вас в себе несут. Все.

Возьмите эти знания, которые мы вам в это время на землю передаём. Распространите их, чтобы страх растворился. Чтобы акции, как Хемтраильс, в любви растворились. В любви.

Вы свет. Вы сила любви на земле и вы носители силы любви на земле.

Самосознание Франц Аззизи с вами.

Пусть будет ваша жизнь на земле активной."

Engelspost
Die 7 Seelenländer

Diese CD bringt dich mit deinem Seelenursprung in Verbindung, in den Alphazustand und lässt dich erkennen, wie verbunden du mit der Erde und dem Kosmos bist.

Diese Musik ist eine Reise in verschiedene Seins-Ebenen und kann dich auch mit vielen alten gespeicherten Emotionen in Kontakt bringen, die durch das Hören bewusst und aufgelöst werden.

Die verschiedenen Musikelemente sind von der geistigen Welt ganz bewusst ausgesucht worden, um in dir einen neuen Raum entstehen zu lassen. Ein Werk, das die Musiker von Engelspost sehr spielerisch und kraftvoll umgesetzt haben. Viel Freude beim Hören.   Natara

Kamasha Zeitschrift

Gute Nachrichten für ein erfülltes Leben

Seit dem 30. Juni 2006 gibt es im Kamasha Verlag eine Zeitschrift. Diese erscheint alle 3 Monate und bringt positive Nachrichten aus aller Welt.

Babaji gab in einem Channeling von: "Gespräche mit Erzengel Michael, Band 3" den Impuls, ein neues Medium auf die Welt zu bringen, das nur positive Meldungen enthält, um ein neues Bewusstsein auf der Erde zu schaffen.

Diese Aufforderung hat sich der Kamasha Verlag zu Herzen genommen. Es gibt soviel Gutes, Kraftspendendes und Inspirierendes auf dieser Welt. Seinen Fokus auf diese Initiativen zu richten, verändert das Bewusstsein und die Lebenseinstellung.

Das Magazin ist im Buchhandel, im Kiosk und beim Kamasha Verlag erhältlich.

Natara
Gespräche mit Erzengel Michael, Band 1
ISBN 10: 3-936767-00-9

Erzengel Michael spricht durch das Medium Natara zu einer kleinen Gruppe von Menschen, die sich zu regelmäßigen Channelings zusammengefunden hat und beantwortet ihre Fragen.

Das Licht, die Liebe und die Fürsorge der geistigen Welt sind hierbei für jeden wahrnehmbar und in dem ganzen Buch zu spüren. So kann das Buch den Leser zu Erkenntnissen, Frieden und Licht führen.

Themengebiete des Buches sind: unser Bewusstsein vor unserer Geburt, das Bewusstsein der Menschen, die vom Indigostrahl sind, spirituelle Einweihungen, die der Mensch in Laufe seines Lebens erfährt, Karma, einen gesunden Umgang mit Sexualität und Liebe, Heilung von sexuellem Missbrauch und der Aufstieg der Erde.

Natara

Gespräche mit Erzengel Michael, Band 2

ISBN 10: 3-936767-12-2

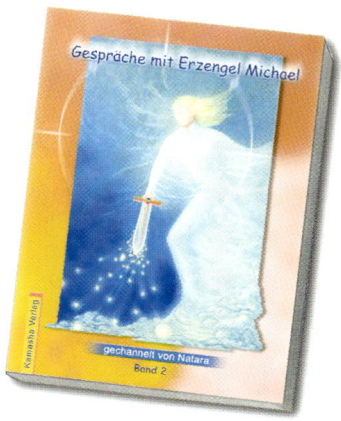

Liebevoll, offen und klar antwortet Erzengel Michael auf die ihm gestellten Fragen. Im zweiten Band offenbaren uns die Engel die ursprünglichen Visionen der Religionsgründer.

Wir erfahren die Kraft unserer Gedanken und wie wir durch gute Gedanken Einfluss auf Gegebenheiten des Lebens nehmen können.

Ein wesentliches Thema des Buches ist der Umgang mit Wasser.

Außerdem wird auf die Gefahren des HAARP Projektes hingewiesen und auf den Aufbau von 12 weltweiten Heilzentren.

Mit unendlicher Geduld und Liebe, in Offenheit und Klarheit, aber auch mit Witz und fröhlichem Humor antworten Erzengel Michael und Sananda (eine Meisterseele, die einst als Jesus inkarniert war) durch das Medium Natara.

Natara
Gespräche mit Erzengel Michael, Band 3
ISBN 10: 3-936767-02-5

Die Zehn Gebote, so wie sie von Moses vermittelt wurden, waren eigentlich zehn Einweihungen, die den Menschen bei der Wiederentdeckung ihrer Göttlichkeit halfen. So erklären es uns Erzengel Michael und Maria in dem dritten Band der Buchreihe: ‚Gespräche mit Erzengel Michael'. Erzengel Michael und Maria veranschaulichen durch das Medium Natara den eigentlichen Wesensgehalt dieser zehn Einweihungen. Wir erfahren, wie diese Einweihungen auf uns Menschen wirken und wie die heutigen Gebote zu verstehen sind.

Neben Erzengel Michael und Maria sprechen auch der Meister Babaji und Franz von Assisi. Babaji beschreibt die Notwendigkeit, das Wissen der geistigen Welt zu verbreiten, und Franz von Assisi erzählt uns in seiner herzlichen und liebevollen Art vom Bewusstsein der Tiere.

Schließlich werden die Seelenländer in diesem Buch noch ausführlich beschrieben.

Die Aussage dieses Buches, entstanden aus Channelings der geistigen Welt durch Natara zu einer kleinen Gruppe von Menschen, ist Liebe. Sie durchströmt alle Zeilen und Leerzeilen und ist für jeden zu spüren, der sich ihr öffnet.

Natara
Symbole und Mantren für den Aufstieg
ISBN 10: 3-936767-13-0

Ein meisterhaftes Arbeitsbuch. Wahre Schätze werden in diesem gut aufgebauten und übersichtlichen Fachbuch preisgegeben.

Erzengel Michael gibt den Menschen für den Aufstieg der Erde und aller Lebewesen durch das Channelmedium Natara 18 Mantren und Symbole, die hier abgebildet und beschrieben sind. Alle mit spezifischen Wirkungen und Heilkräften.

Das Buch ist mit einer Ringbuchspirale versehen, so dass mit den Mantren und Symbolen gearbeitet werden kann.

Natara
Symbole und Mantren für den Augenblick
ISBN 3-936767-15-7

Die Symbole und Mantren gibt es auch im Taschenformat. Ob zu Besuch bei Freunden oder Verwandten, ob Häuser gesegnet oder Seelen ins Licht begleitet werden – für viele Lebenssituationen geben die Symbole und Mantren Hilfe. In diesem Format sind sie überall transportier- und einsetzbar. Als Schutz für den Transport dient eine feste Verpackung.

~ natürliche Pflegeprodukte und Kosmetik, damit unsere Haut aufatmen kann

~ CDs: Klänge und Musik können uns ganz tief berühren; deshalb ist es so wichtig, was wir hören und auf welche Schwingungsebenen wir uns ausrichten

~ harmonisierende Schmuckstücke sind nicht nur schön, sondern erheben unser Fühlen durch die Kraft der Edelsteine und die Symbolkraft der Formen

~ ausgewählte Bücher von Meistern und Lehrern, Ratgeber für alle Lebenslagen, Erhebendes und Inspirierendes

~ Schönes für die Raumgestaltung; denn eine energievolle Atmosphäre erleichtert uns das Erfüllen unserer Aufgaben

~ spirituelle Kunst führt uns in die Mitte, zeigt sinnlich erfahrbar die Präsenz der geistigen Welt; sie ist ein Tor zu uns selbst und in die Tiefen des Seins

~ energetische Produkte können uns wirksam unterstützen, die Balance der Lebenskräfte aufrecht zu erhalten oder wieder herbeizuführen

Nutzen Sie die Möglichkeit, sich in der Vielfalt der Produkte zu orientieren, und fordern Sie ab Oktober den neuen liebevoll gestalteten Katalog an.

Arjuna Versandhandel GmbH
Rheingoldstr. 1
55413 Manubach
Fax: 0 67 43 / 94 73 29
www.arjuna-versand.de

Arjuna Versand
Lichtvolle Produkte für ein harmonisches Leben

Immer wieder werden von der geistigen Welt Produkte empfohlen, die uns auf unserem Weg unterstützen können. Um diese Auswahl jedem zugänglich zu machen, wurde der Arjuna Versand gegründet. Hier werden nur Produkte aufgenommen, die energetisch geprüft und für gut befunden worden sind. Im neuen Arjuna Versandkatalog finden Sie Nützliches und Schönes, Wissen und Kunst, kurzum eine wunderbare Auswahl an lichtvollen Produkten, die aus der Achtung vor der Natur und der geistigen Welt heraus geschaffen worden sind.

Der Arjuna Versand bietet:

~ gesunde Lebensmittel und Nahrungsergänzungen: gerade heute ist es so wichtig, dass wir uns wieder auf die natürlichen Quellen des Lebens besinnen und unsere Körper stärken

~ Kleidung aus Naturfasern umhüllt uns sanft und sorgt rundum für Wohlbefinden